ファーストコールカンパニーシリーズ

真の「見える
が
生産性
変える

あなたの会社の実行力が劇的に変わる

武政大貴 著
タナベ経営「経営の見える化」コンサルティングチーム リーダー
＋
タナベ経営「経営の見える化」コンサルティングチーム 編

ダイヤモンド社

はじめに

あなたの職場にある冷蔵庫を開けてみてほしい。庫内に「飲みかけのペットボトル飲料」が何本あるだろうか。仮に、同じ飲料のボトルが複数並んでいたら、あなたはどれに手を伸ばすだろうか。開栓されたペットボトルが何本もあったら、あなたはどれを飲んでよいのか判断に迷うに違いない。

残量が最も少ないボトルを選ぶ人もいれば、逆に「古いのはイヤだ」と言って最も残量が多いボトル（開栓して間がないと思われるもの）を選ぶ人もいる。「真新しいものがいい」と新品のボトルをすぐに開けてしまう人もいるだろう。

どのボトルから優先的に飲むべきか。明確なルール（基準）がなければ飲みかけのボトルはたまる一方だ。もし、あなたの職場の冷蔵庫がそんな状態であれば、問題に気付ける力や実行力もない組織体質に陥っている可能性が高い。ルールなき職場・会社はいざというときに、迅速かつまとまって動くことができないからだ。たかがペットボトル、されどペットボトルである。

人は「何が問題なのか」がわからなければ、当たり前だが改善行動を起こさない。働いている一人ひとりは目の前のことに愚直に取り組んでいても、それぞれの問題が見えない状態だと解決すべき課題は放置されることになる。その結果、個人間の成果格差、ひいては企業間の成長格差が生まれてしまう。

課題を解決する実行力のある組織はすべて、何が問題かがわかり、人や職場が自発的に改善へ動いている。問題が見えているからこそ、自律的に考えて働くことができるのだ。つまり組織の実行力の源泉は、「問題点の顕在化」にあるといえる。問題点が見えているからこそ、誰もが自らそれに「気付き」、「改善」することによって自律型組織を構築できる。

漠然とした情報や物事の全体像から、誰もが目で見てわかるように問題点を顕在化して、その浮かび上がった課題を解決するための手法が「見える化」である。見える化とはトヨタ自動車の生産工程から生まれた言葉で、「目で見る管理」と呼ばれていた。それを同社の岡本渉氏が一九九八年に発表した論文（「生産保全活動の実態の見える化」）のなかで、〝見える化〟と表現したのが初出とされている。

同社の見える化で代表的なものが「アンドン」だろう。これは生産ラインでの加工時に、異常があれば機械が止まり、その異常を監督者に知らせる電光表示盤を指す。機械が異常停止した場合（点灯）は即座に保全スタッフや監督者が駆け付け、調整・修理などの復旧作業を行うとともに、不具合の原因追究と再発防止に動く。異常を改善し続けることで、生産性と工程能力が向上するという利点がある。

企業においては、工場であれオフィスであれ、人が仕事をしている姿は目で確認できる。だが、その仕事で起きている不具合や問題点まではわからない。そうした仕事に潜む問題を露出させ、解決を図ることが見える化の目的である。

近年は、設備機械の高度化やシステム化の進展に加え、ＡＩ（人工知能）、ＩｏＴ（モノのインターネット）、ビッグデータ（巨大で複雑なデータの集合）などの発達により業務上の問題点や工程上の不具合が見えにくくなってきた。さらには、二〇二〇年四月七日に新型コロナウイルス感染症に対する「緊急事態宣言」が発令され、それを機にテレワーク（在宅勤務）の活用が全国で急速に広まり、会社に出勤して上司の前で仕事をするというこれまでの「働き方」が大きく変わりつつある。今後は、ますます仕事の〝見えない化〟が進むことも予想される。

企業や職場、またビジネスパーソンは、どのようにして見える化を進めるべきなのか。本書では、筆者がこれまでのコンサルティング経験で得た知見と、タナベ経営が運営する「経営の見える化研究会」を通じた視察・取材企業の実践事例から、職場やビジネスパーソンの潜在能力と、課題解決に向けた実行力を引き出す「見える化」について考察していく。

本書が、職場や現場における課題解決の一助となれば幸いである。

二〇二〇年一〇月

タナベ経営「経営の見える化」コンサルティングチーム リーダー　武政大貴

真の「見える化」が生産性を変える◎目次

第3章

見える化の最前線（ケーススタディ） 105

Contents

第1章

なぜ、いま「見える化」なのか

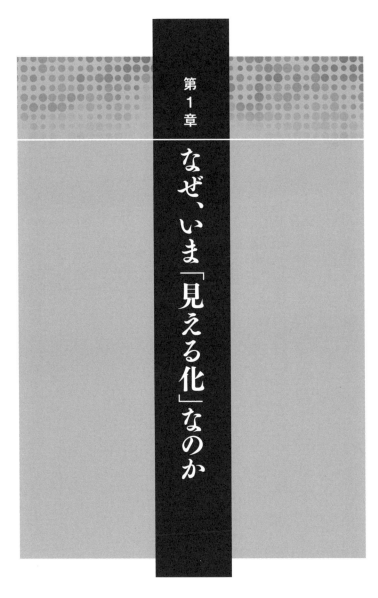

1——そもそも「見える化」って何だろう

本書は「見える化」を活用した生産性改革について、日々のコンサルティング事例を中心に研究結果を著述したものだ。筆者はコンサルティングファームのタナベ経営において、「経営の見える化研究会」を企画・運営しており、特定の業種・業態に偏ることなく、さまざまな企業事例を研究している。その活動で得たメソッドを余すことなく本書で紹介できれば、と考えている。

さて、そもそも〝見える化〟の定義は何だろうか。

一般的には、「企業や組織における財務、業務、戦略などの活動実態を具体化し、客観的に捉えられるようにすること」である。もちろん、ビジネスの分野以外でも、見える化という表現が用いられることはある。また、見える化ではなく「可視化」と言い換えられることもある。

まだまだ抽象的である。だからこそ、研究対象として面白い。

最近は、書籍やウェブなど、さまざまな媒体で見える化という言葉を目にする機会が増えてきた。いまやビジネスシーンにおいて共通言語化している。誰もが一度は見聞きしているはずだ。しかし、言葉の意味するところを正しく理解し、活用できている企業は少ないのではないだろうか。

それもそのはず、見える化という言葉が世間に知れ渡ったのはそれほど古くない。一般的に使われだしたのは二〇〇〇年前後からだ。いまでは当たり前のように使われているため、昔から存在する言葉のように思われているが、実はもともと存在しなかった造語である（発祥はトヨタ自動車の「目で見る管理」）。

タナベ経営においては、見える化とは「問題点を顕在化し、課題解決する手法」をいう。あくまでも「手法」であって、活用するための「目的」が大前提にあると説いている。さらにいえば、「企業固有の目的」を持つことが、見える化手法を最大限に生かせるポイントだと筆者は考えている。では、〝目的〟とは何だろうか。究極の目的は、この手法を活用して一人ひとりが考えて行動する「自律型組織」を構築することである。環境変化のスピードが加速する現在、いかに優れた戦略を描いても、実行に移さなければ絵に描いた餅でしかない。この「実行力」の源泉こそが自律型組織である。

他社には見られない競争優位性がある製品・サービスを世に出しても、いつかは資本力で勝る大企業に模倣され、優位性が時間とともに漸減していく。しかし一人ひとりが考えて行動する自律型組織は、大企業がまねをしようにも、すぐにはまねができない。つまり、どんな環境にも負けない強い企業体質ができあがり、組織そのものが強烈な参入障壁となり得るのである。

この究極の目的から、企業ごとにビジョンと戦略を連動させ、固有・個別の目的を設定していく。たとえば、受注産業で、なおかつ季節変動に対応しなければならない特性がある企業の場合は、従業員各人の力量（スキル）や標準作業・標準時間を見える化して計画的育成を図り、期間工（期間従業員）やパート・アルバイトでもすぐに業務をこなせるようにするといった、いわば「誰でも化」の実現を目指して見える化と向き合う。

また、製品自体に際立った特徴がなく、同業他社との間で納期や価格などで熾烈な競争に直面している下請けメーカーがある。そんな状況を打破するために、工場自体の「5S（整理・整頓・清掃・清潔・躾）」を強化することで、「魅力ある工場」をつくろうと考えた。徹底して5Sに取り組み、得意先の担当者などを通常監査とは別に自社工場へ積極的に招致した。優れた作業環境はもちろんのこと、働く一人ひとりの自律的な姿を見せる（魅せる）ことで新たな価値を生み出し、新規受注を得ることに成功した。このような〝魅せる化〟というべき事例もある（企業の具体的な取り組み事例は後述する）。

本章においては、まず社会の潮流を捉えつつ、「生産性改革」に向けた最適な手法として見える化の活用を提唱していく。

2――見える化が求められる背景

見える化が求められる前段として、なぜ、いま生産性改革が必要なのかを考察してみる。大きく三点あると考えている。まず一点目は「国際的競争力向上のため」、二点目は「政府発信による時流の形成」、そして三点目が「よい人材の獲得・定着のため」である。次に、それぞれについて詳しく見ていこう。

国際的競争力向上のため

日本生産性本部のデータ（「労働生産性の国際比較」）から、OECD（経済協力開発機構）加盟三六カ国の労働生産性を見てみる。生産性とは、「算出（アウトプット）÷投入（インプット）」のことである。加盟国におけるアウトプットとは「付加価値」に相当する国内総生産（GDP）となる。このGDPを、インプットである就業者数（または就業時間）で割ったものが図表1-1、図表1-2である。なお、GDPを国際比較

図表1-1 OECD加盟諸国の労働生産性

（2018年・就業者1人当たり／36カ国比較）（単位:購買力平価換算USドル）

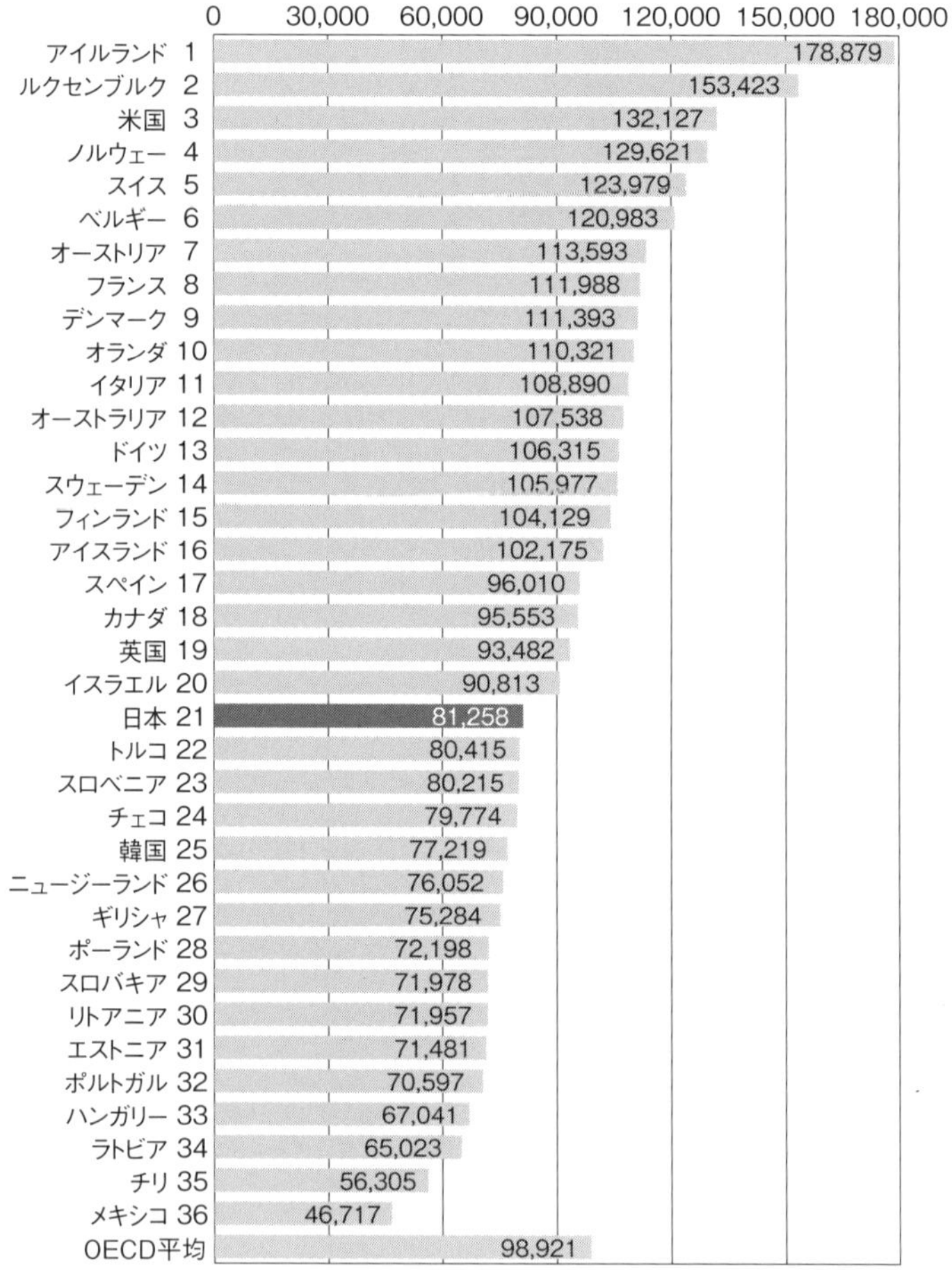

出所：日本生産性本部「労働生産性の国際比較 2019」

図表1-2 時間当たり労働生産性 上位10カ国の変遷

順位	1980年	1990年	2000年	2010年	2018年
1	ルクセンブルク	ルクセンブルク	ルクセンブルク	ルクセンブルク	アイルランド
2	スイス	ベルギー	ノルウェー	ノルウェー	ルクセンブルク
3	オランダ	オランダ	ベルギー	ベルギー	ノルウェー
4	ベルギー	スイス	オランダ	米国	ベルギー
5	米国	米国	米国	アイルランド	デンマーク
6	スウェーデン	フランス	スウェーデン	デンマーク	米国
7	アイスランド	スウェーデン	フランス	オランダ	スイス
8	カナダ	ノルウェー	ドイツ	スウェーデン	ドイツ
9	イタリア	イタリア	スイス	スイス	オランダ
10	オーストラリア	デンマーク	デンマーク	フランス	オーストリア
—	日本（19位）	日本（20位）	日本（20位）	日本（20位）	日本（21位）

出所：日本生産性本部「労働生産性の国際比較 2019」

するため各国の通貨から米ドルへ換算する際、実際の為替レートで換算すると変動が大きいため、物価水準の違いなどを調整した購買力平価（ＰＰＰ）が用いられている。

一人当たり労働生産性（ＧＤＰ÷就業者数、二〇一八年時点）を見ると、日本の労働生産性は八万一二五八ドルである。これはＯＥＣＤ加盟国中二一位で、米国の六割強の水準だ。先進六カ国（日英仏独伊加）のなかで対米比率が七割を切っているのは日本だけである。日米の生産性格差の拡大傾向はいまだ歯止めがかかっていない。

同様に、就業一時間当たり労働生産性（ＧＤＰ÷就業時間×就業者数）の上位一〇カ国の推移を見ても日本は入っておらず、日本の順位は一九八〇年から現在（二〇一八年）に至るまで二〇位前後に位置し、ほとんど変わらない状況が続いている。つまり、日本人の働き方は変わって（進化して）いないのである。

現在、より短い時間で効率的に仕事を行う、時間当たり労働生産性の向上が重要視されている。国際競争力の向上には、人時生産性（従業員一人が一時間働く際の生産性）の向上が不可欠である。

政府発信による時流の形成

次に国内の状況に目を向ける。二〇一九年四月より施行された「働き方改革関連法」は、前述した国際的な生産性格差の縮小に向けて、賃上げと労働生産性向上、罰則付き時間外労働時間の上限規制の導入など、非効率な働き方の是正に対し強制力のある内容となっている（図表1-3）。

長時間労働が是とされていた〝モーレツ〟社会は、令和の時代で終焉を迎えようとしている。長時間労働は心身ともに大きな悪影響を及ぼすことが明らかになり、内部告発などで過度なサービス残業が暴露された企業は「ブラック企業」とのレッテルを貼られ、社会的な信用が失墜するという風評リスクも抱えることになった。

図表1-3 働き方改革関連法の主な内容

項目	内容	施行時期
残業時間の上限規制	(原則として)残業上限:月45時間・年360時間(臨時的な特別の事情がない限り超えることはできない)	2019年4月(中小企業は2020年4月)
「勤務間インターバル制度」の導入促進	勤務終了後、翌日の出社までの間に一定時間以上の休息時間を確保するよう努める	2019年4月
年5日間の年次有給休暇の取得義務化	従業員の有休取得(年5日)を会社に義務付け(取得時季は従業員の希望を踏まえて会社が指定)	2019年4月
月60時間超の残業の割増賃金率引き上げ	月60時間超の残業割増賃金率を大企業・中小企業ともに50%(中小企業の猶予措置撤廃)	2023年4月(中小企業)
労働時間の客観的な把握を義務付け	裁量労働制適用者や管理職者も含め、すべての人の労働時間を会社が把握するように義務付け	2023年4月
「フレックスタイム制」の拡充	労働時間の調整が可能な期間(清算期間)を1カ月から「3カ月」に延長	2019年4月
産業医・産業保健機能の強化	産業医が従業員の健康管理を適切に行うために必要な情報を、会社は提供しなければならない	2019年4月
同一労働同一賃金	正規社員と非正規社員(パートタイム労働者、有期雇用労働者、派遣労働者など)との不合理な待遇差を禁じる	2020年4月(中小企業は2021年4月)
「高度プロフェッショナル制度」創設	高度な専門的知識を持つ人を対象に、労働基準法の規定(労働時間、休憩、休日、深夜の割増賃金)を適用しない	2019年4月

出所：厚生労働省

図表1-4 働き方改革で生産性が上がった人は3割未満

〈会社の働き方改革で「労働時間が短くなった」と答えた人のうち、労働生産性や業績が上がった人の割合〉

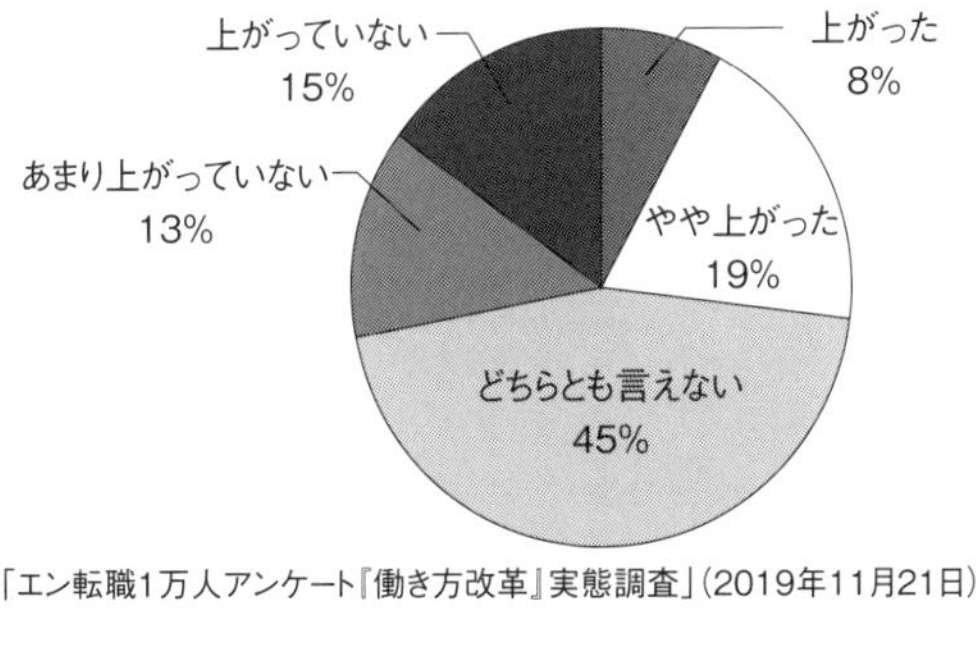

出所：エン・ジャパン「エン転職1万人アンケート『働き方改革』実態調査」(2019年11月21日)

もっとも、国が長時間労働の削減を推進しているからといって、単に残業時間を低減することを目的に置いてはならない。業績を下げて労働時間を減らすことは、誰にでもできるからである。企業は、事業の継続コストを得るために営利事業を営んでいる。したがって、業績は常に向上させていかなければならない。ただ、労働時間を減らして仕事の成果を上げるというのは、一見すると矛盾している。この相反する命題を達成するには、個々の労働の質を改善し、時間の密度を濃くしていく必要がある。たとえ残業ゼロでも、従来以上の成果を上げていく真の働き方改革が求められる。

しかし、多くの企業は残業時間削減や有休取得推進など表面的な対策にとどまっており、実効性のある取り組みになっていない。人材サービス大手のエン・ジャパンが行ったウェブアンケート調査によると、勤務先の働き方改革で労働時間が短くなった人のうち、労働生産性や業績が「上がった・やや上がった」と答えた人は三割に満たず（二七％）、「上がっていない・あまり上がっていない」（二八％）と「どちらとも言えない」（四五％）を合わせて七三％もの人が変化を感じていなかった。生産性向上が進んでいるとはいい難い状況である（図表１‐４）。

よい人材の獲得・定着のため

生産性向上や働き方改革に加え、近年は「人手不足」の問題も企業を悩ませている。日銀短観の雇用判断DI（「過剰」－「不足」、全産業・全規模合計）は二〇一三年からマイナスが続き、二〇一九年にバブル期並みの不足感を示した（図表1－5）。また、新規求人の増加により、公共職業安定所（ハローワーク）の年間求人充足率（求人数に対する充足された求人割合）が年々低下を続け、二〇一九年にはバブル期をさらに下回る一三・二％と人員の確保がますます難しくなった（図表1－6）。労働市場のひっ迫で転職者も増加の一途をたどり、過去一年間の転職者数は二〇一九年に三五一万人と過去最多にのぼった（図表1－7）。帝国データバンクの調べによると、二〇一九年の人手不足倒産（従業員不足による収益悪化などが要因となった倒産）は一八五件発生し、四年連続で過去最多件数を更新した（図表1－8）。

こうした人手不足の直接要因はいうまでもなく人口減少だ。かつて二〇〇万人を超えていた日本の年間出生数は一九七〇年代から減少し始め、二〇一六年に一〇〇万人の大台を割り（約九八万人）、二〇一九年はついに九〇万人を下回った（約八六万人）。これに伴い、生産年齢人口（一五～六四歳＝現役世代）は八七一六万人（一九九五年）

図表1-5　日銀短観：雇用判断DI（全産業：全規模合計、「過剰」－「不足」）の推移

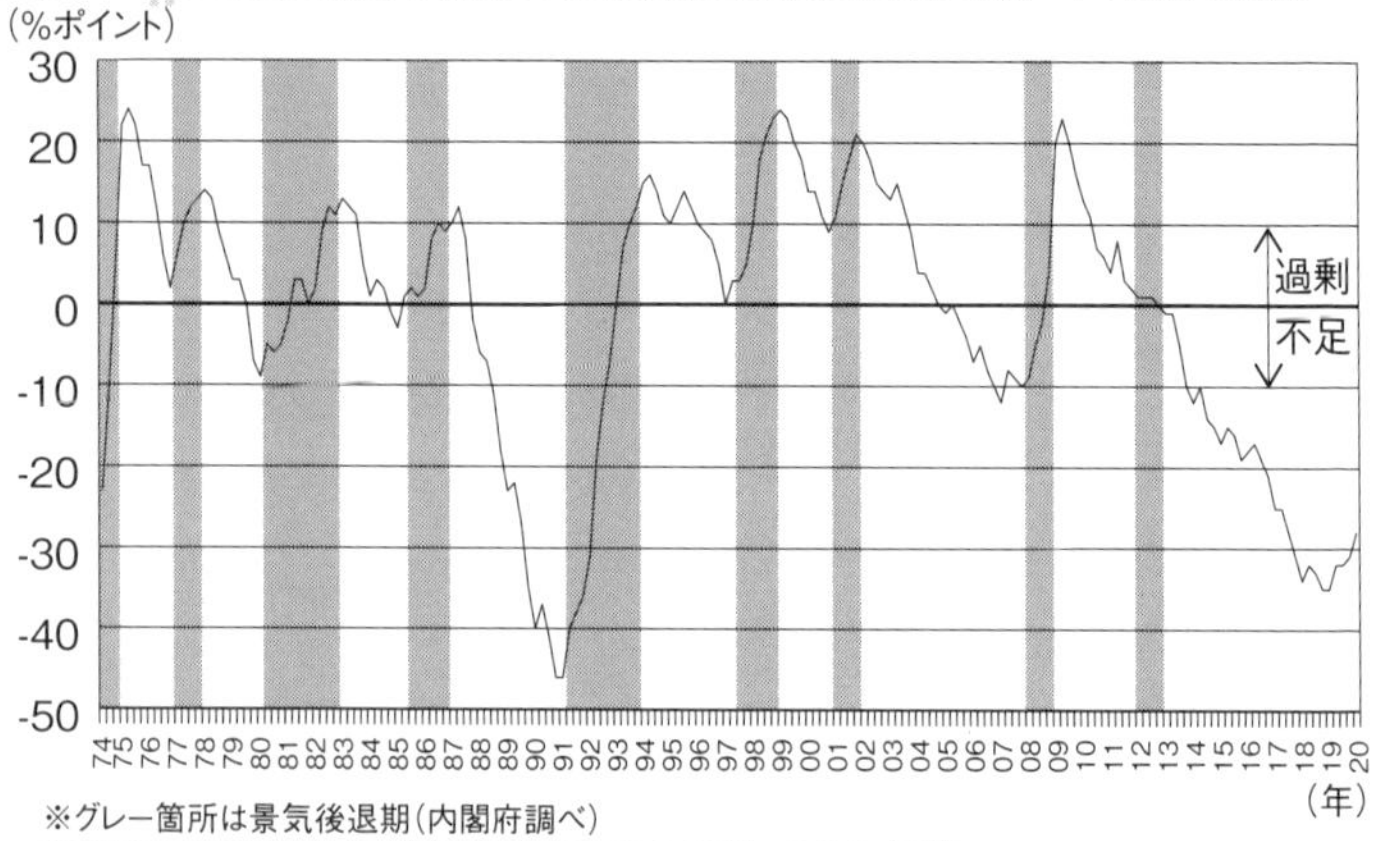

※グレー箇所は景気後退期（内閣府調べ）
注1）1997年3月調査より調査月が変更（2･5･8･11月→3･6･9･12月）
注2）2003年12月以前と04年3月以降の計数は連続しない（調査対象の大幅な見直しによる）

出所：日本銀行「全国企業短期経済観測調査（短観）」

図表1-6　就職率・充足率（対新規）推移

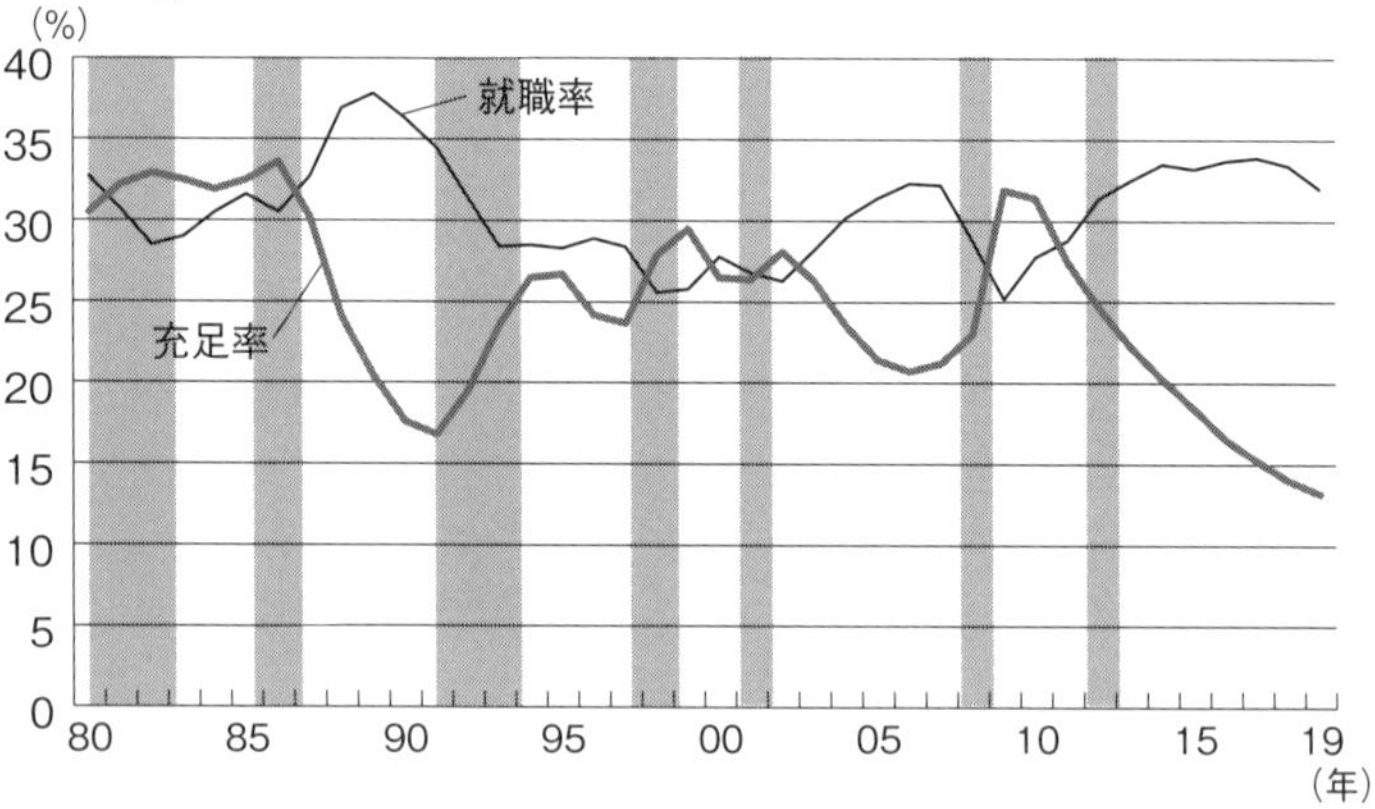

出所：厚生労働省「一般職業紹介状況（職業安定業務統計）」

図表1-7 転職者数の推移

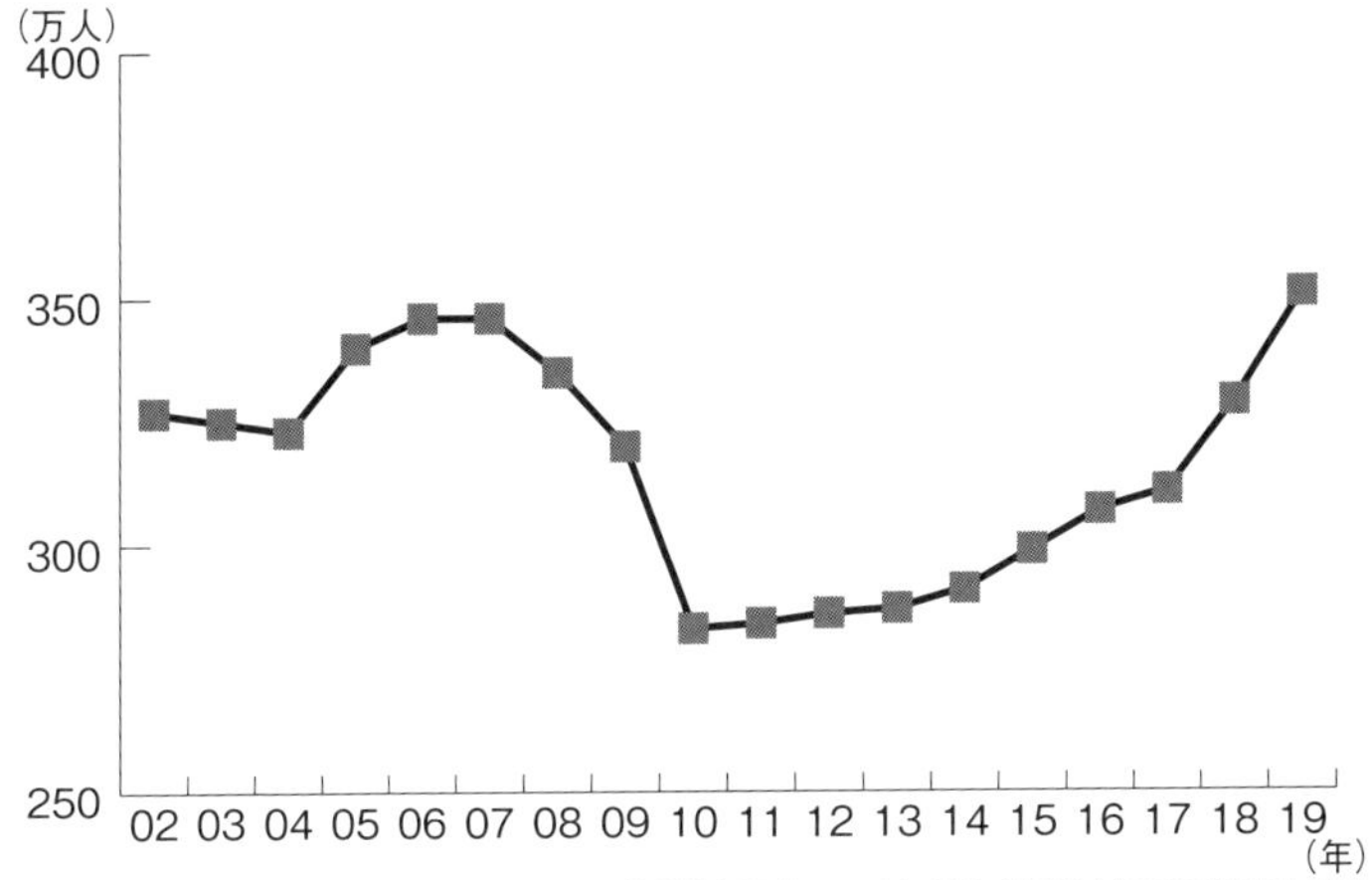

出所：総務省統計局「労働力調査 2019年平均（速報）」（2020年2月14日）

図表1-8 人手不足倒産の件数

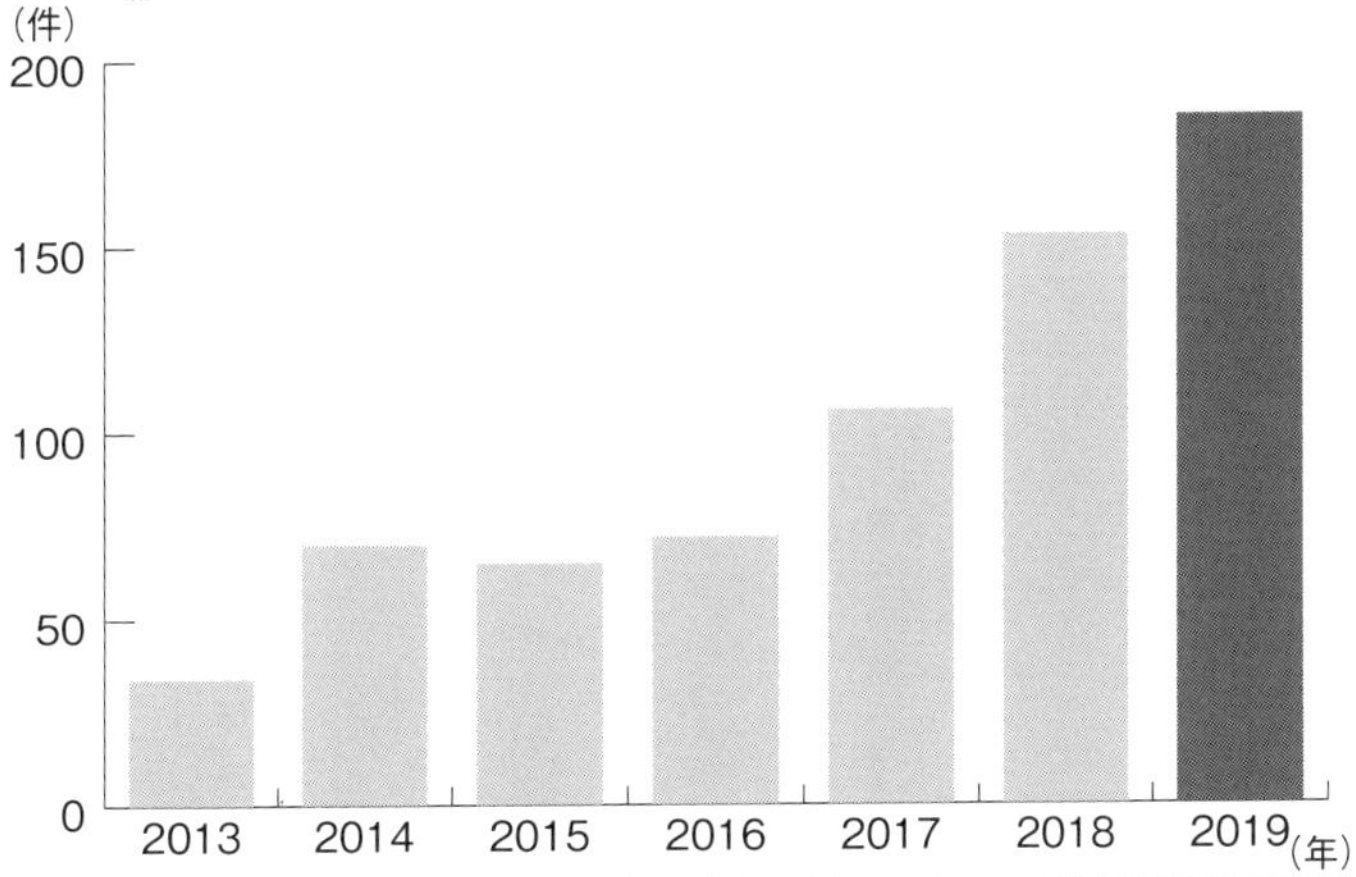

出所：帝国データバンク「『人手不足倒産』の動向調査（2019年1～12月）」（2020年1月9日）

から七五〇七万人（二〇一九年）と二四年で一二〇〇万人超が減少した。二〇六五年には四五二九万人と約六割の水準まで減ると予想されている（図表1‐9）。二〇二〇年に発生した新型コロナウイルスの感染拡大により雇用情勢が急速に悪化したものの、中長期的に見ると働き手が減っていくという状況そのものは当面解消される見込みがない。したがって、企業は人材確保（新卒・中途採用の改善、若手社員の定着率向上）が大きな経営課題となる。

就職情報サービス会社の学情が実施した調査（就職活動を始める前の学生が対象）によると、二〇二〇年卒、二〇二一年卒ともに「就職したい会社」の第一位は「休日・休暇がとれる（多い）会社」、また第五位には「残業が少ない会社」が挙がった（図表1‐10）。たとえ業績が好調で初任給が高くても、他社に比べて年間休日数が少ない企業や、深夜になってもオフィスの照明が消えない企業は、SNSや就職情報サイトなどで「ブラック企業」扱いされてしまう時代である。この傾向は就職活動生だけではない。若手社員も同様だ。厚生労働省が五年おきに実施している「若年者雇用実態調査」を見ると、「初めて勤務した会社を辞めた理由」（三つまでの複数回答）で最も多く挙がっているのが「労働時間・休日・休暇の条件がよくなかった」であり、直近の二〇一八年調査では三〇％を超えた（図表1‐11）。将来を担う若手社員も、休日の少

図表1-9　生産年齢人口・出生数の推移と将来予測

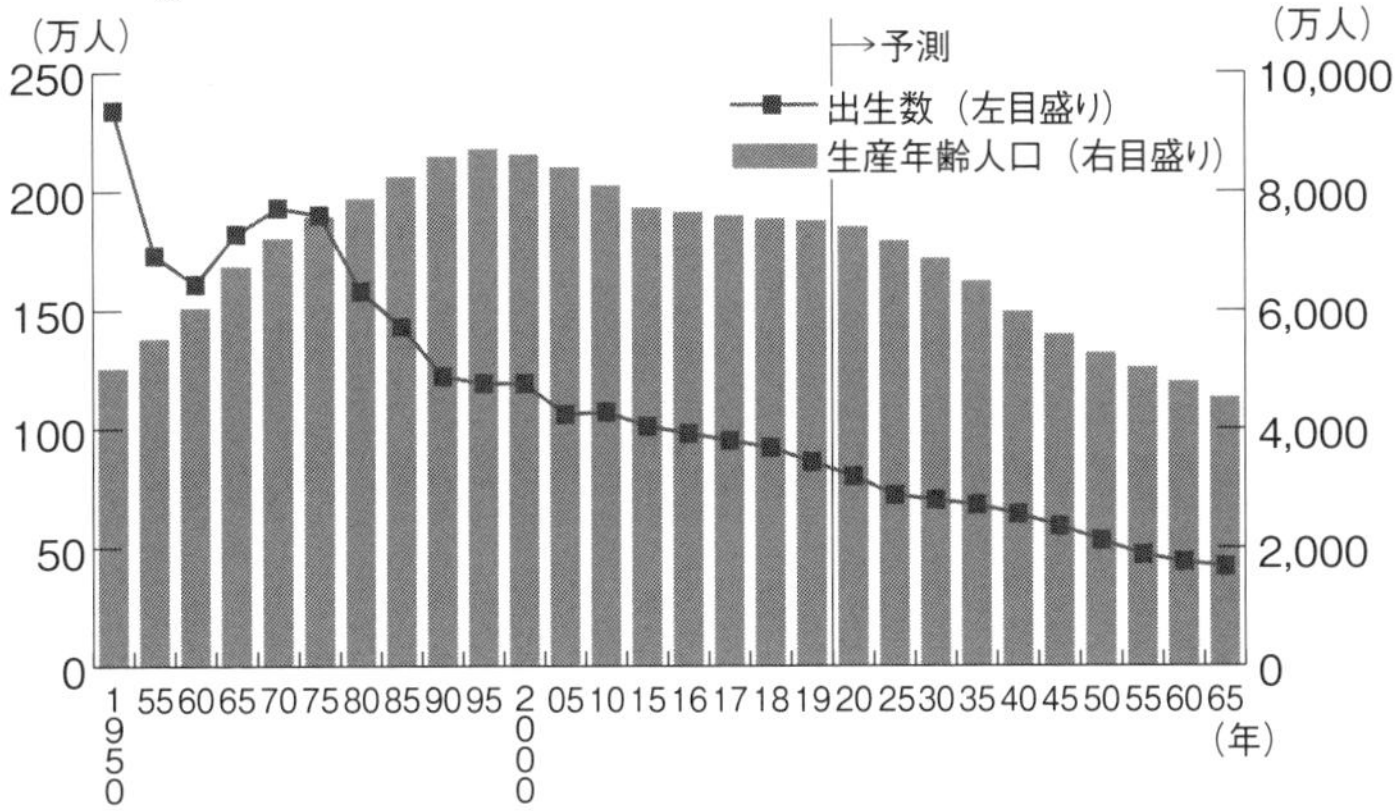

出所：厚生労働省「人口動態統計」(～2019年/出生数)、総務省「国勢調査」(～2015年/生産年齢人口)、総務省「人口推計」(2016～19年10月1日確定値/生産年齢人口)、国立社会保障・人口問題研究所「日本の将来推計人口(2017年推計)」(2020年～/生産年齢人口、出生中位・死亡中位)

図表1-10　就職したい会社はどのような会社か(最大三つまで、n=858件)

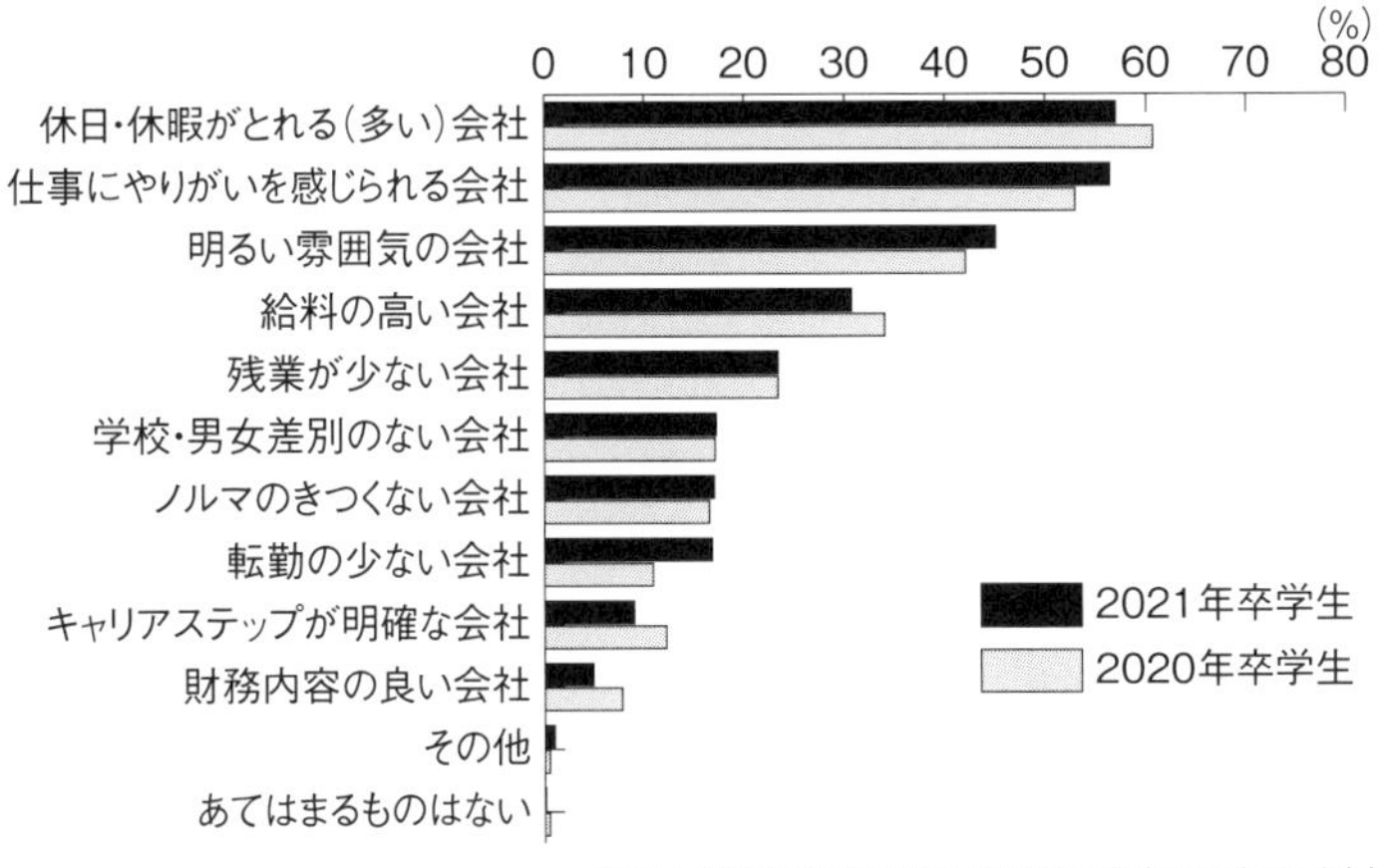

出所：学情「就職活動開始前意識調査(2019年8月版)」

図表1-11 初めて勤務した会社を辞めた理由(三つまでの複数回答)

(%)	2018年	2013年	2009年
労働時間・休日・休暇の条件がよくなかった	30.3	22.1	23.8
人間関係がよくなかった	26.9	19.5	20.1
賃金の条件がよくなかった	23.4	18.1	20.9
仕事が自分に合わない	20.1	18.8	24.5
ノルマや責任が重すぎた	13.9	11.1	12.7
会社に将来性がない	12	12.4	14.2
結婚・子育てのため	10.8	9.5	10.3
健康上の理由	9.2	8.2	8.7
自分の技能・能力が生かせられなかった	7.7	7.9	10.2

出所：厚生労働省「若年者雇用実態調査」(2009年、2013年、2018年)

なさや労働時間の多さを理由に会社から逃げ出している。

こうした問題を放置していると、優秀な学生が自社に集まらないうえに、未来を支えるはずの若手人材も流出することになる。残業の短縮や休日の増加は、生産性を向上させない限り実現は難しい。よって持続的成長を実現するためにも、生産性改革は不可欠なテーマであるといえる。事実、多くの企業は生産性向上のために「働き方改革」に取り組んでいる。帝国データバンクの調査によると、「働き方改革」に取り組む企業の割合は六〇・四%(二〇一九年時点)と前年調査から約二三ポイントも増加した。最も重視する目的として「従業員のモチベーション向上」（三二・四％）がトップ。次いで「人材の定着」（二〇・二％）、「生産性向上」（一三・五％）が上位を占めている。

いずれにせよ、人手不足や「働き方改革」を考慮すると、企業は必然的に少数精鋭での業務運営が求められる。すなわち、一人で二役、三役を務める「マルチスキル化（多能工化）」を図る必要があり、そのために〝属人化（ある業務の状況把握や遂行が特定担当者にしかわからなくなること）〟した業務を見える化し、標準化を進め、最終的には誰もが対応できるように計画的な人材育成へとつなげていかなければならない。また、コンプライアンス違反の防止や業務改善意識の強化、継続的なコストダウン効果など、こうした一連の生産性改革を進めるうえでも見える化が必須なのである。

3――使っているが「使いこなせて」いない

「行動力」と「実行力」は違う

もっとも、見える化について、いままで取り組んだことがないという企業は少ないと思われる。しかしながら、この手法を活用して、きちんと所期の目的を達成してい

図表1-12　実行力強化ステップ

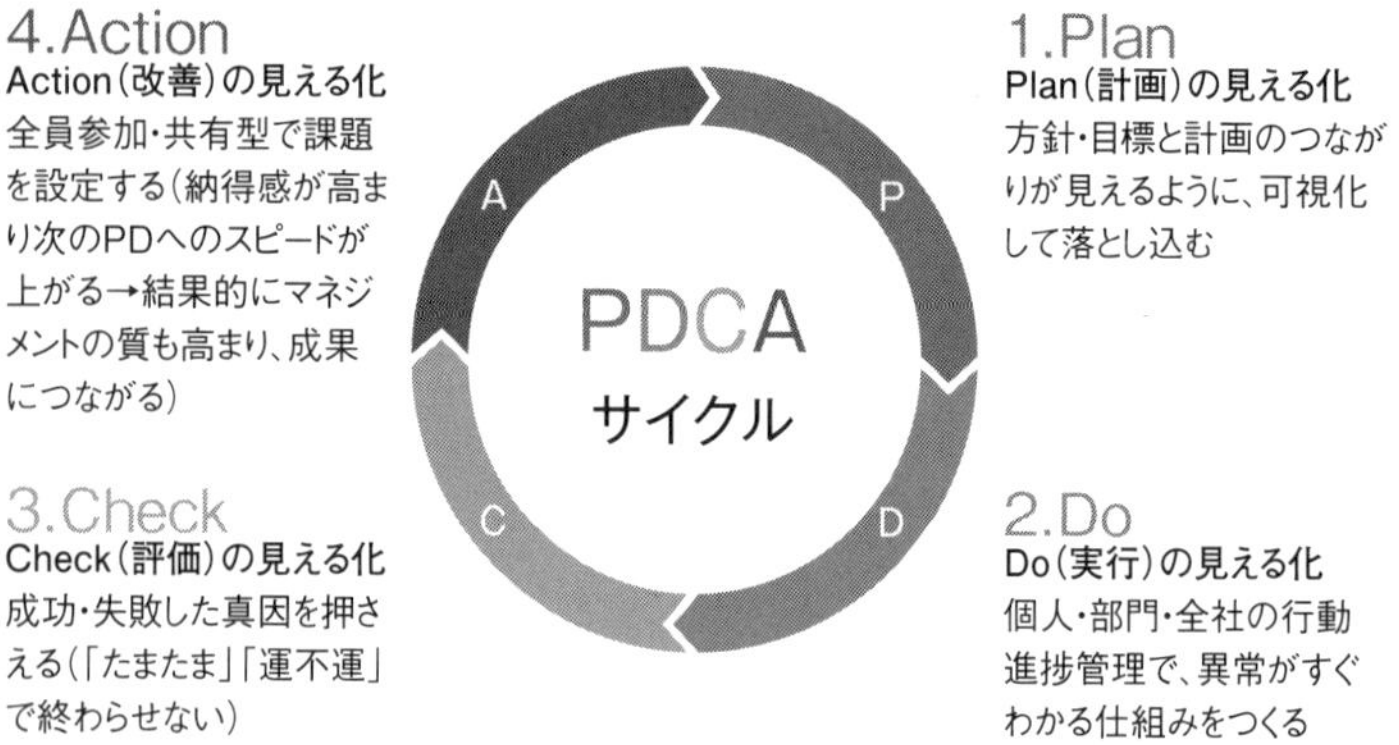
4.Action
Action（改善）の見える化
全員参加・共有型で課題を設定する（納得感が高まり次のPDへのスピードが上がる→結果的にマネジメントの質も高まり、成果につながる）
1.Plan
Plan（計画）の見える化
方針・目標と計画のつながりが見えるように、可視化して落とし込む
A
P
PDCA
サイクル
C
D
3.Check
Check（評価）の見える化
成功・失敗した真因を押さえる（「たまたま」「運不運」で終わらせない）
2.Do
Do（実行）の見える化
個人・部門・全社の行動進捗管理で、異常がすぐわかる仕組みをつくる

る企業は多くないのが現状である。

決めたことが守られない、結果として成果が出ない――このような課題を抱える企業は多い（皆さんはいかがだろうか）。

筆者はかねてより、「〝戦略は二流〟でも、『実行力が一流』の企業が生き残る」と提言している。まさに不確実性の高い時代において必要なのは、前述した「実行力」なのである。ここで留意していただきたいのが、「行動力」と「実行力」は違うということだ。行動力とは「目的のために積極的に行動する力」、実行力とは「計画などを実行に移して達成する力」である。いずれも行動を起こすことが前提にあるが、単に動いているか、計画を達成するかという本質的な違いがある。成果の出ない行動はムダであり、逆にやらないほうがよい。

たとえば、自分ではPDCAサイクルを回そうと動いているつもりでも、実際にはほとんど回っていないことがある。よくある症状が「PPPP病」だ。一般的に、PDCAサイクルといえば「計画（Plan）→実行（Do）→評価（Check）→改善（Action）」という四段階を指すが、計画（P）を実行（D）に移す力が足りず、計画をつくることに満足して計画倒れに終わってしまう――というふうに、計画策定が〝目的〟になっている人がいる。

もう一つは「PDPD病」である。計画を実行に移したものの、振り返りや改善がなく、結果として成果が出ない。「とにかく何も考えず走ってみろ！」「行動すれば、その先に必ず何か得るものがある」という精神論で、「頑張る」意味をはき違えている（そんなモーレツ社会はもう終わっている）。

これら二つが、実行力が未発揮に終わる代表的な症状である。図表1‐12を参考に、実行力強化を図っていただきたい。

「働き方改革」の突破口は「生産性の見える化」にあり

「働き方改革」への取り組みが進むなか、企業は〝残業ゼロ〟でいままで以上の成果（業績）を上げる必要が出てきた。ただ、経営陣も従業員も「総論賛成・各論反対」と

図表1-13 生産性の方程式

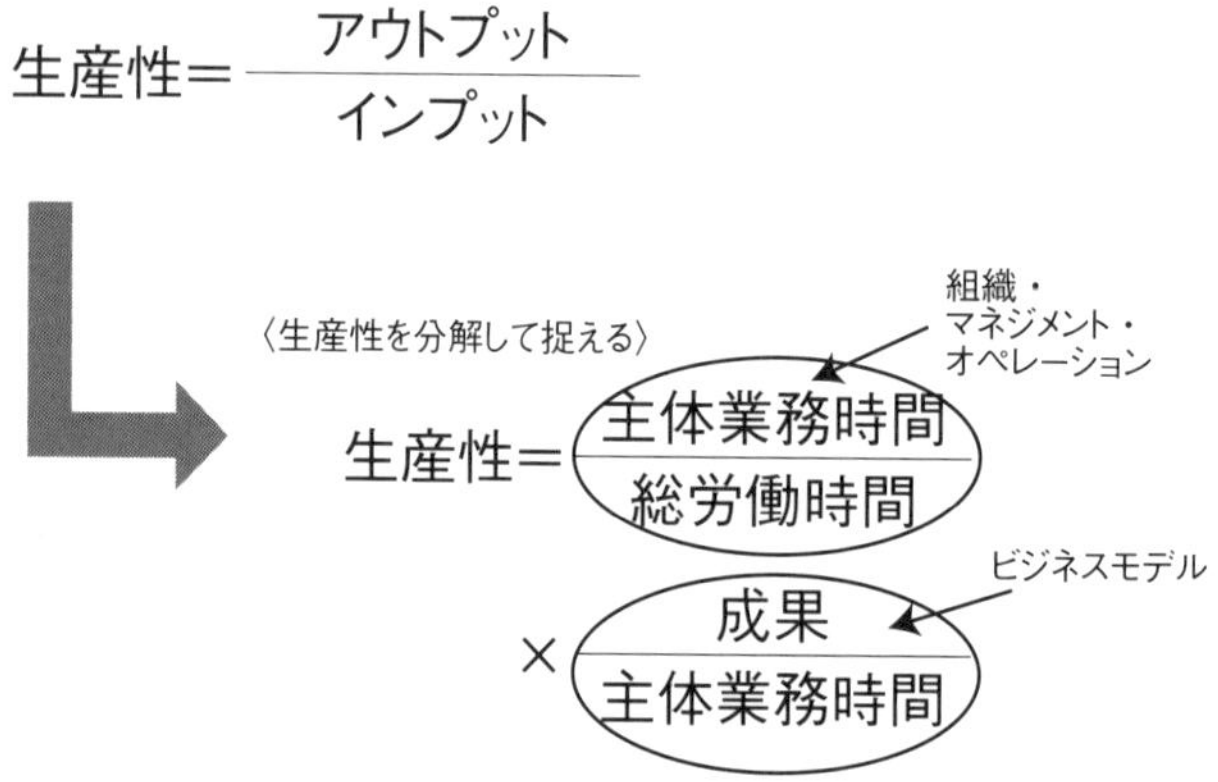

いうのが本音ではないだろうか。

反対する理由はさまざまであるが、その多くは「どうすればよいのかわからないから」。すなわち、具体的な方法が見えないからだと思われる。ここで見える化の手法が大いに活用できる。見える化とは、「問題点を顕在化し、課題解決する手法」だからだ。

働き方改革の観点で考えると、まず生産性を定義する必要がある。生産性とはインプット（経営資源）とアウトプット（成果）のバランスであり、高いほうがよい。そこで「総労働時間」を、「主体業務時間（成果を出すための業務を行っている時間）」と「付帯業務時間（それ以外の業務を行っている時間）」に分類すると、生産性は図表1－13のように表せる。

超過勤務時間（いわゆる〝残業〟）を含む総

労働時間に対して主体業務時間の割合が低い場合は、「組織・マネジメント・オペレーション」に課題がある。一方、主体業務時間に対して成果（業績）の割合が低い場合、「ビジネスモデル（事業の仕組み）」自体を見直す必要がある。次に、それぞれの課題について見える化を行っていく。

①組織・マネジメント・オペレーション

これらは業務フローやマネジメント、人材育成といった課題に区分されるが、特に見える化すべきは「業務フロー上の問題」である。

一連の業務では、不要な工程や非効率な工程が改善されずに放置されていることが多い。たとえば、高付加価値の創造を期待されている人材が、付加価値の低いルーティン業務を担当しているなど、業務改善が行われていない。このような企業においては、役割分担が不明確であり、ミスが発生した場合の責任の所在や原因分析も曖昧である。

これを見える化するには、現状認識、すなわち業務の棚卸しが必要なことはいうまでもない。重要なポイントは、「幹（全体像）」から洗い出しを行うことである。「枝（個別の業務、タスク）」から議論すると、抜けや漏れが出て部分的な改善となる。ネッ

図表1-14 ビジネスモデルキャンバス(BMC)

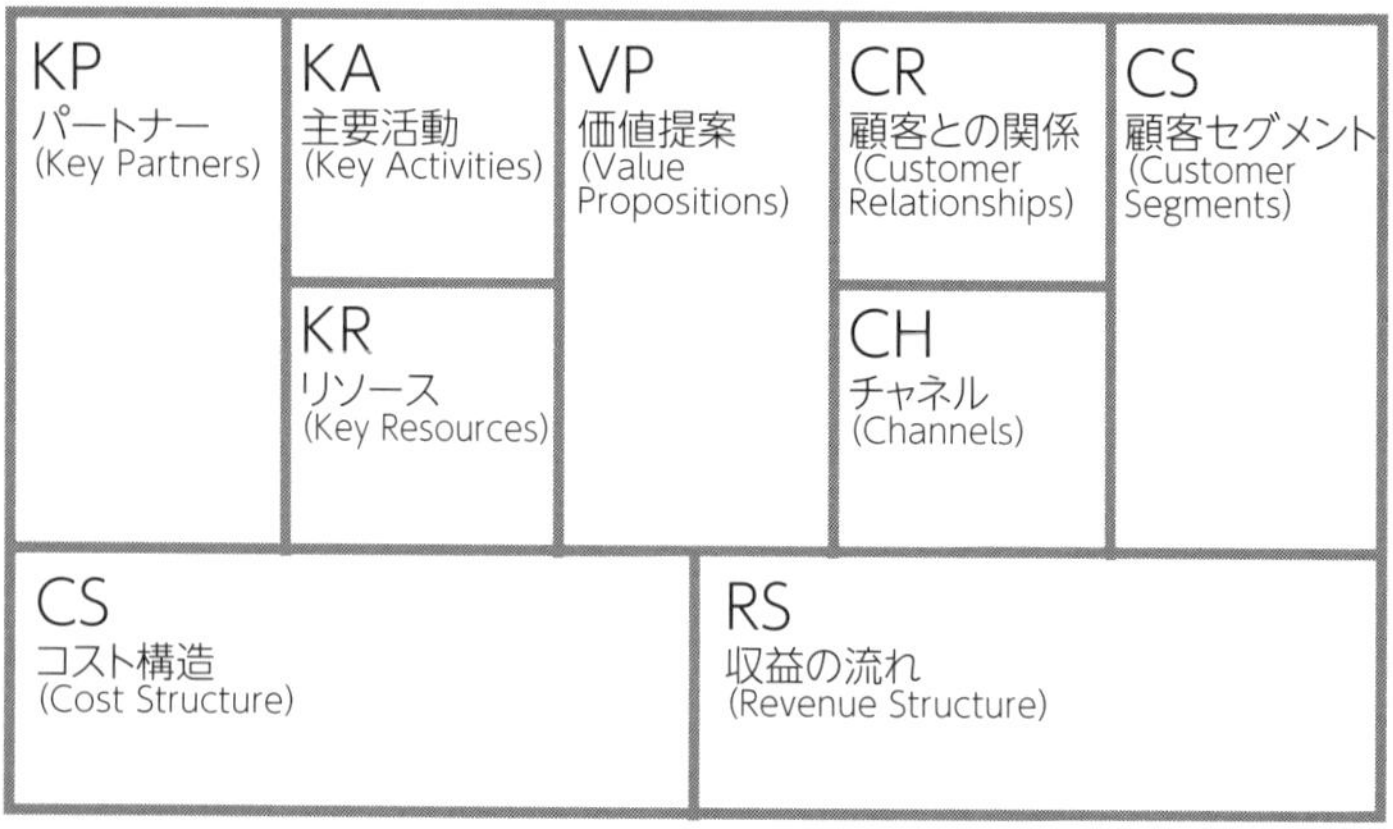

出所：アレックス・オスターワルダー&イヴ・ピニュール著、小山龍介訳『ビジネスモデル・ジェネレーション ビジネスモデル設計書』(翔泳社)をもとに筆者作成

クとなる工程はタスク単位よりも工程間のつなぎ目で起こることが多いからだ。

②ビジネスモデル（事業の仕組み）

企業間のシェア争いが激しい、または特定顧客への依存度が高い収益構造で付加価値を維持するには「量」の増加が必要となるため、長時間労働が発生しやすい。このような企業は、社長や経営幹部などトップ自身が目先の利益確保に追われ、ビジネスモデルを転換しにくい（転換を考える時間がない）。しかし、そのままでは「はたらけどはたらけど猶わが生活《くらし》楽にならざり」（石川啄木）という負のスパイラルに陥ってしまう。

ここでも見える化が役に立つ。手法と

しては、「ビジネスモデルキャンバス」（図表1-14）が有用である。これは、ビジネスモデルを、パートナー、主要活動、リソース、価値提案、顧客との関係、チャネル、顧客セグメント、コスト構造、収益の流れという九つの要素に分けて整理するものだ。複雑に絡み合ったビジネスモデルを〝因数分解〟し、可視化を試みれば各構成要素の相互関係を理解することができる。

改善・改革の〝一丁目一番地〟は現状の見える化に他ならない。ここを正しく実施しない限り、行動しても成果が出ず、実行力も不十分となる。現状を正しく捉え、膿《うみ》を出し切ることで実行力が磨かれる。

アナログとデジタルの融合による見える化で効率化

見える化手法の活用が、実行力を強化するためには非常に重要であることをお伝えしてきた。しかし、紙やホワイトボードに記入する従来のやり方では、作業負荷や管理コストがかかって中途半端に終わったり、記入と更新が目的になってしまったりするケースもある。

手書きで更新した進捗管理ボードの前でチームミーティングを行い、現状の課題と要因、対策を検討するなど、「全員参加活動」としての運用は大いに進めていただきたい。しかし、その判断のもととなる業績資料の作成や更新、マーケットデータの収集などは自動化、効率化すべきである。つまり、アナログとデジタルが有機的に結合した、「進化型の見える化」に挑戦していただきたいのだ。

具体的な手法としては、ＡＩ、ＩｏＴ、ＲＰＡ（ロボティック・プロセス・オートメーション）などがある。ＲＰＡとは、ロボット技術を活用して単純なオフィスワークを自動化するテクノロジーだ。付加価値の低い定型業務を、二四時間ミス知らず、疲れ知らずのデジタルレイバー（知的仮想労働者）に移すことで、本来、人が行うべき付加価値創造業務に時間を投下することが可能となる。

もっとも、先端技術を活用するといっても、あくまで基本はアナログ的な活動による全員参加の体質化である。どんなに優れたＩＴツールが生み出されようと、それを使うのは人だからだ。業務の見える化を徹底し、正しいプロセスへ改善したうえで、システムを導入する。属人化したプロセスを自動化しても、失敗するだけである。

なお、タナベ経営ではＲＰＡ導入支援事業を展開するワークスアイディ（東京都渋谷区、池邉竜一社長）と提携し、ＲＰＡを活用した業務改善コンサルティングサービス「ロボワーキング（Robo Working）」を共同開発した。中堅・中小企業の煩雑なオフィスワークに対し、タナベ経営が業務フローの課題の洗い出しと改善計画を策定。その改善プロセスに沿って、ワークスアイディがRPAによる業務自動化を支援し、アナログとデジタルの両面から生産性向上を図っていく。

筆者の経験上、実行力のある企業は、アナログとデジタルの活用バランスが実に素晴らしい。自社なりの〝黄金比〟を持っており、日々の業務のなかでPDCAを回して、継続的に改善を図っている。そのポイントを三つにまとめると、

- 目的と手段を見失わないこと
- 行動し続けること
- やりっぱなしにしないこと

――となる。

この三つは、成果を出すための実行力強化のシンプルなツール（方法）である。働き方改革、イノベーションにおいては、しっかりと肝に銘じていただきたい。なお本書では、このアナログとデジタルの活用について、大きく、アナログ的活用事例とデジタル的活用事例という二部構成で設計している。

4――実行力強化のための「八つの着眼」

見える化では、「自律型組織」を究極の目的とし、企業固有の目的を設定して活動を推進していくことになる。タナベ経営では、見える化を大きく八つのテーマに分類し、考え方を整理している（図表1‐15）。

①理念の見える化

理念は経営目的であり、経営のバックボーン（背骨）にあたる最上位概念である。単に掲示して唱和することが目的ではなく、現場で実践してこそ意味がある。よって、理念と現場をつなぐマネジメント体系を見える化し、業務マニュアルなどを作成して日常業務へ落とし込むことが重要である。

②ビジョン・方針・計画の見える化

単に理念を掲示するだけでなく、ビジョン・方針・目標・計画のすべてを連鎖させ、見えるようにする。また、日々の行動を進捗管理することで、全社員のベクトルと熱

図表1-15　八つの着眼体系図

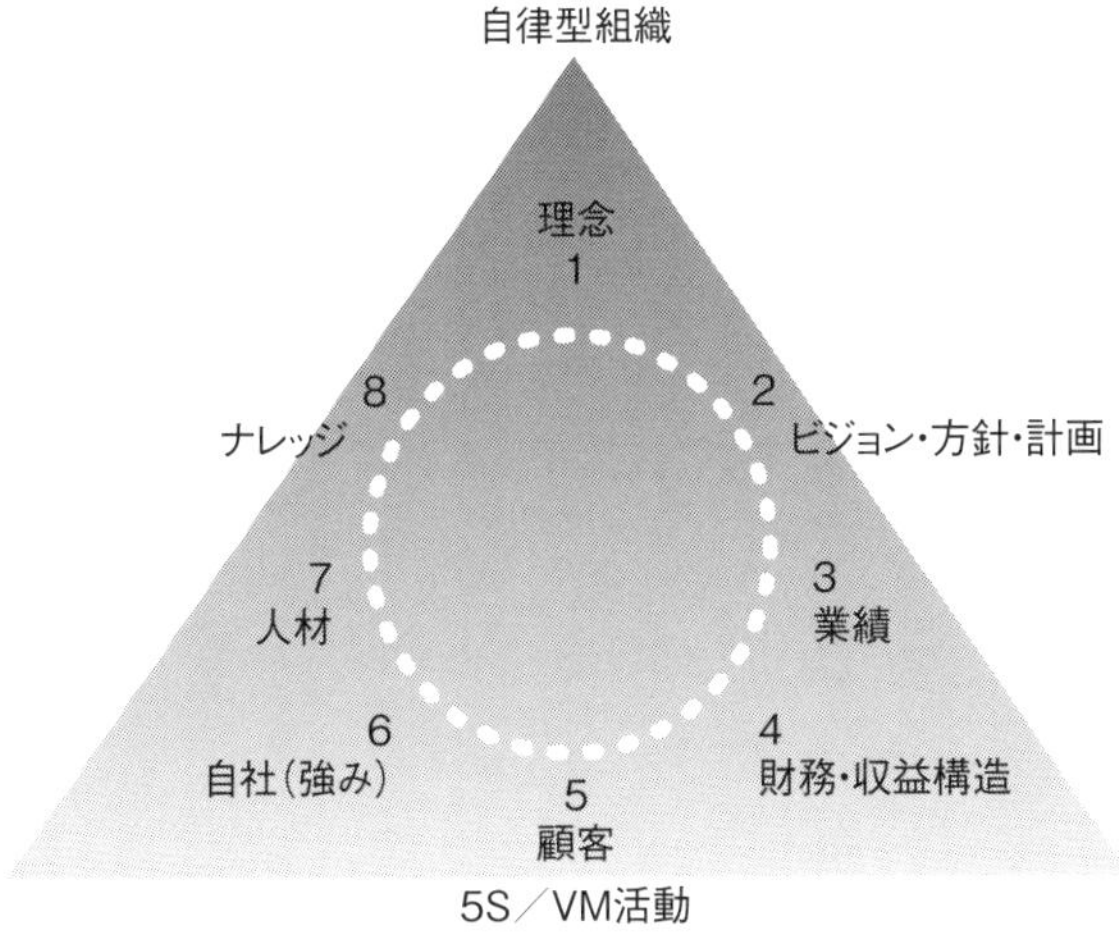

量を合わせていく。経営指標と現場の業務プロセス指標を関連づけ、ボードに掲示し、できるだけシンプルにマネジメントしていく。

③業績の見える化

業績は過去に打った手の結果であり、未来を保証するものではない。よって、先行管理が重要である。真の目標としての先行累計差額を見える化し、差額に対しての情報管理と先行行動管理をボード上でマネジメントすることで、効果的に未来を創り出すことができる。

④財務・収益構造の見える化

見える化活動の最終的な成果は、定量

的に財務諸表に反映される。すべてオープンにしてもよいが、階層別に責任を明確にし、見るべき（伝えるべき）数値と管理指標を定めて、原因分析と対策立案を行う。

⑤顧客の見える化

見える化すべき顧客情報は、単なる顧客属性というだけではなく、顧客の声であることが重要だ。顕在化したニーズだけでなく、潜在化したニーズも現場のヒアリングやアンケート調査によって収集していくことが重要である。

⑥自社の見える化（強みの見える化）

顧客の見える化とは逆に、顧客から見た自社の強み、固有技術は何かを見える化することである。技術マップなどで自社の強みを洗い出し、⑤の顧客の見える化と掛け合わせることで、初めて進むべき戦略が明確になる。

⑦人材の見える化

あるべき人材像を明確にし、スキルマップにより力量を評価することで、乗り越えるべきギャップ（不足スキル）が明確になる。そして、育成ステップを定めて計画的に育成する。企業は人なり、実行力ある企業の大前提として、育成が重要である。人材育成は、見える化手法と大いに親和性がある。

⑧ナレッジの見える化

会社が求める標準作業・標準時間を明確にし、バラつきなく全員が作業できるようにする。いわば先人の知恵（ナレッジ）を会社の財産として目録化することが必要だ。そのためにマニュアルを作成するが、つくること自体が目的なのではなく、日々の改善を常にアップデートする「運用ルール」も併せて設定することが重要となってくる。また、書面でのマニュアルだけでなく、特に職人的技能を要する作業については、ビデオマニュアルを活用することも非常に有効だ。

見える化手法は、シンプルなマネジメント手法である。この手法を活用することで、生産性向上を図り、働き方を変えることができる。ただ、見える化はあくまで手法であり、生かすも殺すも人次第である。シンプルなマネジメント手法とはいえ、得てして表の作成・更新の負荷に追われ、作成することが目的となり、本来的意味での活用に至っていないケースが散見される。意思決定と行動に時間を割くべきなのに、資料の作成・更新に稼働時間の多くが割かれてしまうからである。

たとえば、営業戦略を検討するにあたって、何十枚にも及ぶ業績管理資料をつくり込み、長時間会議室にこもって会議をする。会議自体も各部署が時間をかけてつくった資料を説明することに多くの時間を割き、結果として将来どのように戦っていくかの意思決定の時間が取れていない、といったケースもよく聞く。こうした会議では、少ないインプット（投入、会議であれば時間）で多くのアウトプット（産出、会議であれば未来を決める意思決定）を出すことが求められる。そこで見える化の手法を活用し、常に行動・問題点・要因が見えている状況をつくり出すために、管理ボードの前での立ちミーティングなどわずかな時間を利用し、積極的なコミュニケーションによって管理サイクルを回していく。そうすることにより、管理資料の作成・更新にかける手間を減らし、意思決定に多くの時間を割くことで生産性を高めることができる（会議時間の削減と効果的意思決定の向上）。

また、見える化においてはＩｏＴやＡＩなどデジタル技術の積極的な活用も有効だ。センサーを使って動作分析を自動化したり、過去の販売データから需要予測をＡＩが行ったりなど、手書き集計や手打ち作業を要するアナログ的業務からデジタル的業務へ移行させる動きが、中堅・中小企業でも活発化している。もちろん、判断・決断、行動の主役は人間であり、すべてがデジタル化されることはない。管理ボードの前での積極的なコミュニケーションなど、アナログ的な活動を軽視すべきではない。目的に照らしたアナログとデジタルのバランスを図った効率的な運用こそが、この手法をさらに進化させるのではないだろうか。

手法の活用目的を常に見失わず、デジタルテクノロジーをバランスよく取り入れていくことで、より付加価値の高い業務へ人的経営資源を効果的に投入することができ、成果直結型のマネジメント手法として進化させることができる。繰り返すが、戦略は二流でも実行力が一流であれば、どのような環境下でも企業は生き残れる。見える化を活用し、「実行力」ある企業（自律型組織）となれば、さらに突き抜けた成長ができると信じている。

第2章

経営を見える化する三つのステップ

1——「見える化」には順番がある

「見える化」とは「問題点を顕在化し、課題解決する手法」のことであり、「全員参加型」の経営手法でもある。

まずは、ここで全体の体系図を共有したい（図表2-1）。基本は、「モノの見える化」である5S（整理・整頓・清掃・清潔・躾）と、「業務の見える化」であるファイリングシステム（書類を整理・管理する仕組み）、「管理（マネジメント）の見える化」であるビジュアルマネジメント（以降、VM）である。すなわち、モノの見える化（5S）→業務の見える化（ファイリングシステム）→管理の見える化（VM）というステップによって、見える化の導入と定着を図っていくことが定石だ。

タナベ経営は、これら一連の見える化について「経営の見える化」と呼んでいる。自社の経営活動に対して、特に管理が必要な点について、経営者および従業員間で共有を図るため、表示や掲示などで可視化し、その可視化したものを用いてマネジメントを図る活動の総称である。この手法を使うことにより、従業員全員が決められたことを当たり前のように実行することができる。そして、一人ひとりが目的に照らして考

図表2-1 「経営の見える化」体系図

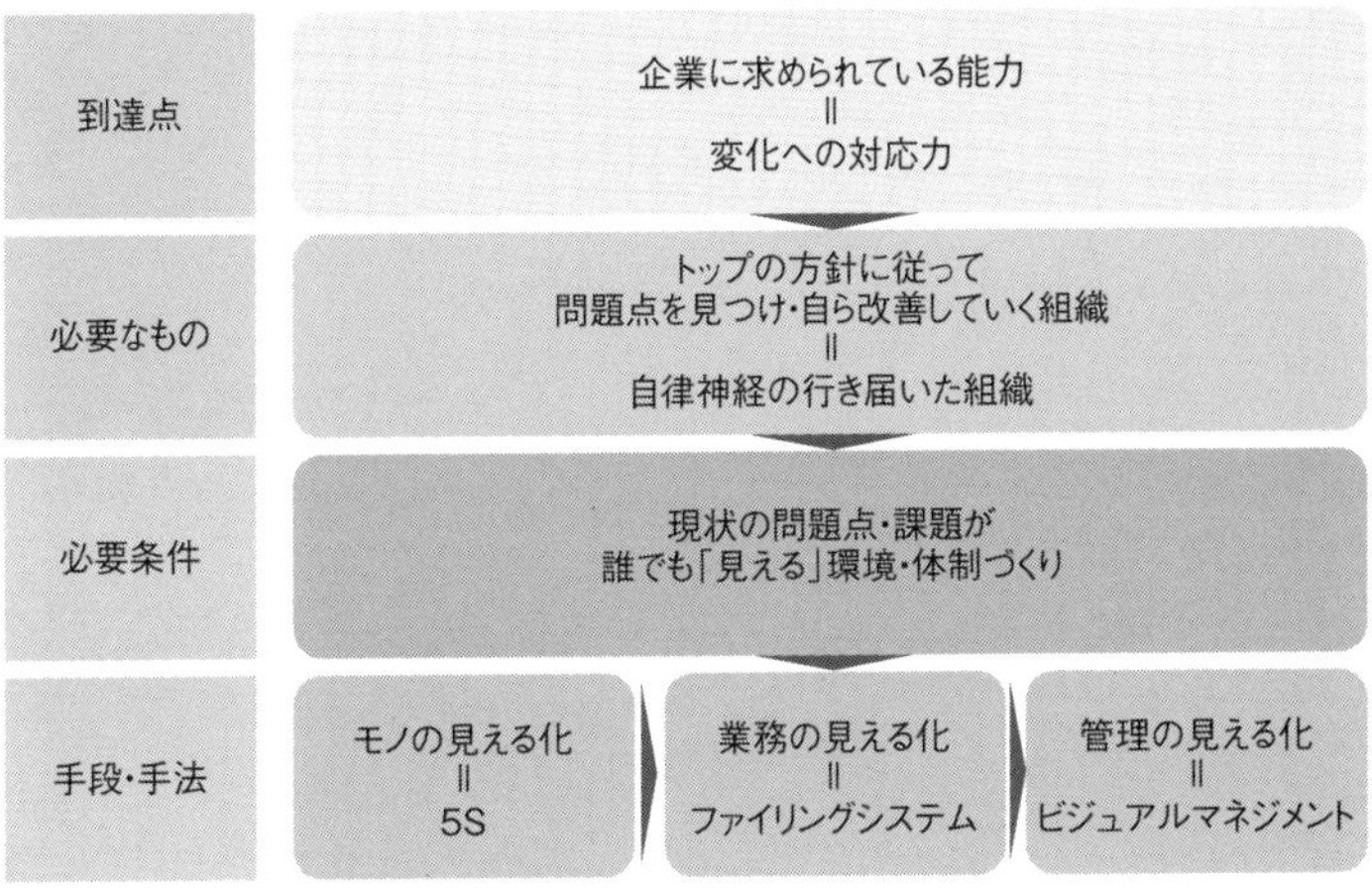

え、行動することで、創意工夫・改善が図られ、進化していく。いわば「自律型集団」となるのである。

一つ目のステップは「5S」。前述したように「モノの見える化」ともいわれ、新入社員であってもすぐに活動することができ、他部署の人でもわかる作業環境づくりがゴールである。シンプルだが効果は大きい活動である。

5Sの必要性は、次の三点に集約される。一点目は、徹底したムダの排除である。ムダの排除が生産性・効率アップにつながる（付加価値を高める活動の割合を増やせる）。二点目は、問題を顕在化して解決できることである。解決すべき問題が見えるようになり、改善が進められる（改善スピードの向上）。三点目は、強い企業体質がつくり上げられる点だ。改善を習慣とする企業の文化・風土が醸成される（企業体質改善）。また、全員参加での取り組みであるため、良好なチームワークの形成や自主性の向上、リーダーシップの養成を図ることもできる。

5S活動は、どの企業においても多かれ少なかれ、導入に向けて取り組んだことがあるだろう。ただ、狙い通りの成果が出ているかといえば疑問だ。大事なのは、「正しい導入ステップを踏むこと」と「トップアップ（トップダウン&ボトムアップ）の活動とすること」である。

二つ目のステップとして、「ファイリングシステム」がある。これは「業務の見える化」と言い換えることができる。書類の管理システムを構築することで、業務の効率化を図るものである。

具体的には、書類の発生から保管、保存、廃棄までの一連の流れを体系的に可視化し、業務分類表で書類や電子データなどのドキュメント情報を見えるようにすることで、重複業務やムダな業務の洗い出しを行い、ファイル基準の設計と運用を行って、業務のスリム化を図る。なお、当然ながら、ファイリングシステムにおいても、一部の者のみの活動となってはいけない。

そして三つ目のステップは「VM」、つまり「管理の見える化」である。方針・目標管理と、部門の役割・使命から設定した日常業務管理を、シンプルにボード上で表現する。管理対象はもちろんのこと、管理指標や管理サイクルなど、すべてがひと目で見える状態にする。

問題点、課題、要因、対策、そして成果までもが見える形になっていることで、社員全員がタイムリーに行動することができ、実行力のある企業となる。

前述した三つの見える化をベースとしながらも、各社固有の目的に照らし、個別テーマを深掘りすることが重要だ。つまり、見える化の大きな趣旨・目的は維持しながらも、「人材育成」「経営理念の浸透」「業務効率化」など、特定の分野に応用していく。

タナベ経営では「経営の見える化研究会」を発足し、「見える化×店舗マニュアル×店舗運営」「見える化×IT×業績」など「見える化×○○」というコンセプトのもと、見える化手法を活用した成功事例を視察することにより、学びを深めている。失敗談はもちろん、成功までの経緯や思いも同時にうかがうことで、自社に落とし込める改善のヒントを得ることが目的である。

これらの視察先企業に共通していえることは次の二つだ。一つ目は、活動開始期においてトップの強い思いを具現化するリーダーのリーダーシップにより、活動が展開

図表2-2　見える化手法によって改善が可能なムダ

(1)マネジメントのムダ(あるいは不足)
(2)コミュニケーションのムダ(あるいは不足)
(3)業務の生産性、費用の増大によるムダ
①書類などを探すムダ
②ファイリングのムダ
③スペースのムダ
④書類を作るムダ
⑤コピーのムダ
⑥転記・清書のムダ
⑦会議のムダ
⑧電話のムダ
⑨メールのムダ
⑩パソコンで遊ぶムダ
⑪連絡ミスのムダ
⑫事務の切り替え、段取りのムダ
⑬手待ちのムダ
⑭チェック・照合のムダ
⑮事務用品のムダ
(4)計画性がないために発生するムダ(人材育成など)

されていること（トップダウン）。二つ目は、定着期・推進期において一人ひとりが考えて行動することで改善が図られ、日々進化する形になっていること（ボトムアップ）である。

これが全員参加型経営の目指すべき姿であり、実行力ある企業としての姿である。「一人の百歩より百人の一歩」として、いかにこの手法を習得し、活動を推進できるか。図表２‐２に列挙したケースはすべて、見える化手法の活用によって改善することが可能である。ムダ・ムラ・ムリを排除して付加価値創造時間を捻出するためにも、後述する視察企業や取材企業の事例などから、見える化への学びを深めていただきたい。

2——モノの見える化（5S）

まず、見える化手法のファーストステップ、モノの見える化（5S）について説明していきたい。5S活動はおおむね誰もが知るところであり、また取り組んでいる（いた）ことだろう。しかしながら、本質的に、全員参加の活動として進められている企業は少ないのではないか。取り組んでいるものの、一部の人のみの活動になっている、あるいはマンネリ化しているなどの課題をよく耳にする。

5Sはシンプルでわかりやすい活動であるが、進め方が不十分だと形だけの取り組みになってしまう。ただ、本気で取り組むことで、全員参加型の企業体質へ転換することが可能である。図表2-3は、「柔軟な働き方（労働時間や勤務場所の自由度が高い働き方）」の実現に向けた企業の取り組みを調べたものである（「2017年版 中小企業白書」）。それによると、多様な人材（女性、シニア、外国人、障がい者など）を自社の中核人材として活用している企業ほど、「業務の見える化」や「5Sの徹底」が進んでいることがわかる。すなわち、見える化や5Sによって適切な業務マネジメントが行えるようになり、柔軟な働き方が可能となって、それが多様な人材の活用につながって

図表2-3　多様な人材を「中核人材」として活用している企業は5Sや見える化に積極的

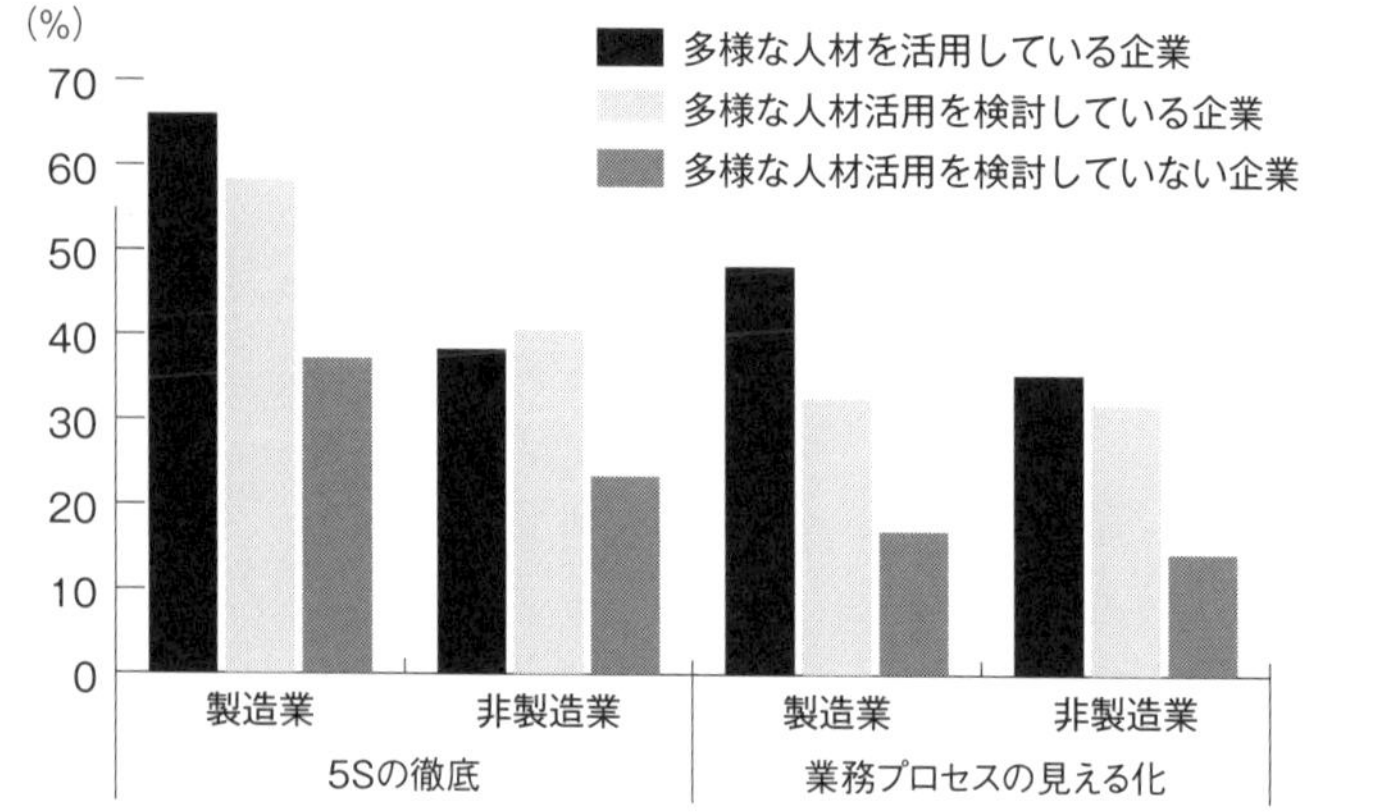

※多様な人材とは女性・シニア・外国人・障がい者を指す
出所：中小企業庁「2017年版 中小企業白書」

図表2-4　多様な人材の活用企業における見える化等実施状況と業績の相関

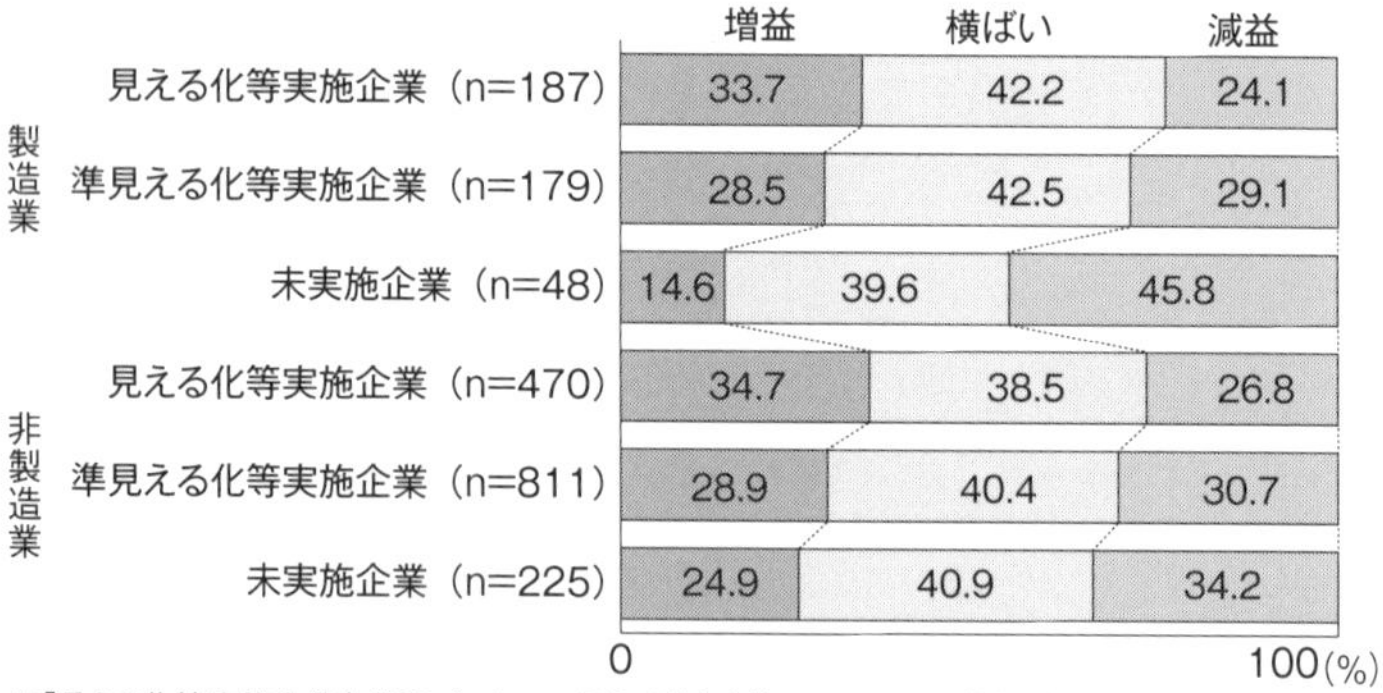

※「見える化等実施企業」:業務プロセスの見える化を実施し、かつ5Sの徹底、各人の業務内容・役割分担の明確化、業務内容の見直し・削減、社内共通の業務ツールの導入、部門・エリア間での重複業務の集約について、一つ以上実施していると回答した者。「未実施企業」:これらの取り組みを一切行っていないと回答した者。「準見える化等実施企業」:その他の者
出所：中小企業庁「2017年版 中小企業白書」

図表2-5　中小企業・小規模事業者を取り巻く情勢

出所：中小企業庁「2020年版 中小企業白書」

いるということである。

業務プロセスの見える化や５Ｓなどの取り組みは、業務標準化による効率化と生産性の向上につながり、結果的に企業業績の向上へ寄与している。図表２‐４を見ると、製造業、非製造業ともに、見える化を実施している企業のほうが、未実施企業よりも増益の割合が高く、減益の割合は低い。

中小企業や小規模事業者は今後、複数年にわたってさまざまな制度変更に直面する（図表２‐５）。これらの相次ぐ制度変更へ対応するためには、効率化や生産性向上へ継続的に取り組む必要がある。

とりわけ５Ｓへの取り組みは、社内全体の活性化、従業員の能力向上、優秀人材の確保、業務の効率化など多くの効果が期待できるだけに、生産性向上という課題解決に向けた最適解として5S活動をお勧めする。

5S活動は、「徹底したムダの排除により、これまで見えていなかった問題点を顕在化し、課題を解決する体質をつくる」ことが重要である。そして、究極の目指すべき姿は「新入社員でも見て（改善点が）わかる職場環境」となる。その結果として、全員参加型の経営体質、すなわち自律神経の行き届いた自律型企業が構築される。ここで体質を強化しておけば、のちのステップである「業務の見える化」や「管理の見える化」などの生きた活用につながっていく。

「決めたことが徹底できていない」「期限を守れない」「目標未達成が続いている」などの課題を持つ企業においては、5Sが最善の対応策となるが、5S活動がうまく進まない企業は非常に多い。その最も多い原因は、「5Sの定義が不明確なこと」が挙げられる。

一般的に5Sとは、

◎整理：「いるもの」と「いらないもの」を区分して、いらないものを処分すること
◎整頓：いるものを所定の場所にきちんと表示して置くこと
◎清掃：身のまわりのものや職場のなかをきれいに掃除すること

◎清潔：いつ誰が見ても、誰が使っても不快感を与えないようにきれいに保つこと
◎躾：職場のルールや規則を守ること
――と定義されている（ただし、自社の定義を一言一句、これと合わせる必要はない）。

さらに、この5Sの定義を自社独自に進化させ、業種別に個別で定義するケースもある。たとえば、整理・整頓だけをしっかり行うため「2S」に絞ったり、躾を除外した「4S」を定義したりするケース、逆に躾の後に「殺菌」「洗浄」を足して「7S」とする食品メーカーなどの例もある。いずれにせよ、自社における5Sの定義を可視化し、明確にすることが活動の第一歩となる。

また、目的が不十分なまま5S活動を開始しているケースも散見される。5S活動は単に美化運動を促すことが目的ではない。業種・業態にかかわらず5Sは全員参加によって活動することから、活動開始段階、もしくは活動停滞を挟んだ再キックオフ段階においては、活動目的の設定と共有をしっかりと行うことが重要である（図表2-6）。

具体的には、
・社員の自主性の向上
・リーダーのリーダーシップ養成

図表2-6 「5S活動」推進の流れ

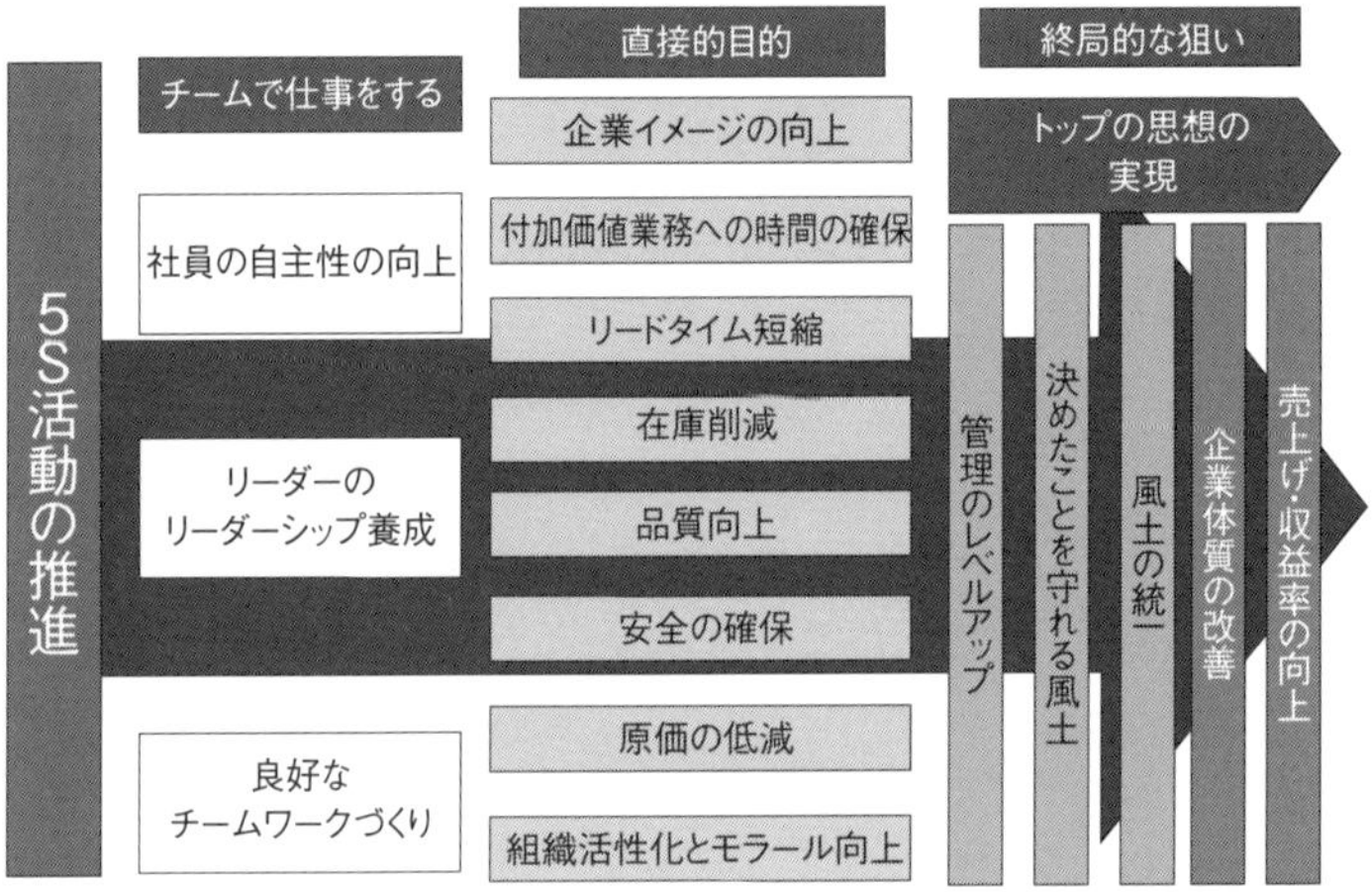

・良好なチームワークづくり

――といった共通の目的があり、そのうえで業種ごと、部門ごとの個別目的として在庫削減や安全の確保といった直接的目的が設定される。ここに、生産性向上の目的も入ることになる。そして終局的な狙いとして、トップの思想の実現に向けた管理の質的向上と、「決めたことを守れる」自律型組織風土の構築がある。

5S活動開始の際は、前述した定義の順番通りに進める（見直す）ことが重要だ。特に、3S（整理・整頓・清掃）に関しては「基準の可視化」が鍵を握る。そして、その基準は上から一方的に与えられたものではなく、実際に現場で業務を遂行する担当者一人ひとりが考え、設定

図表2-7 「整理」の流れ

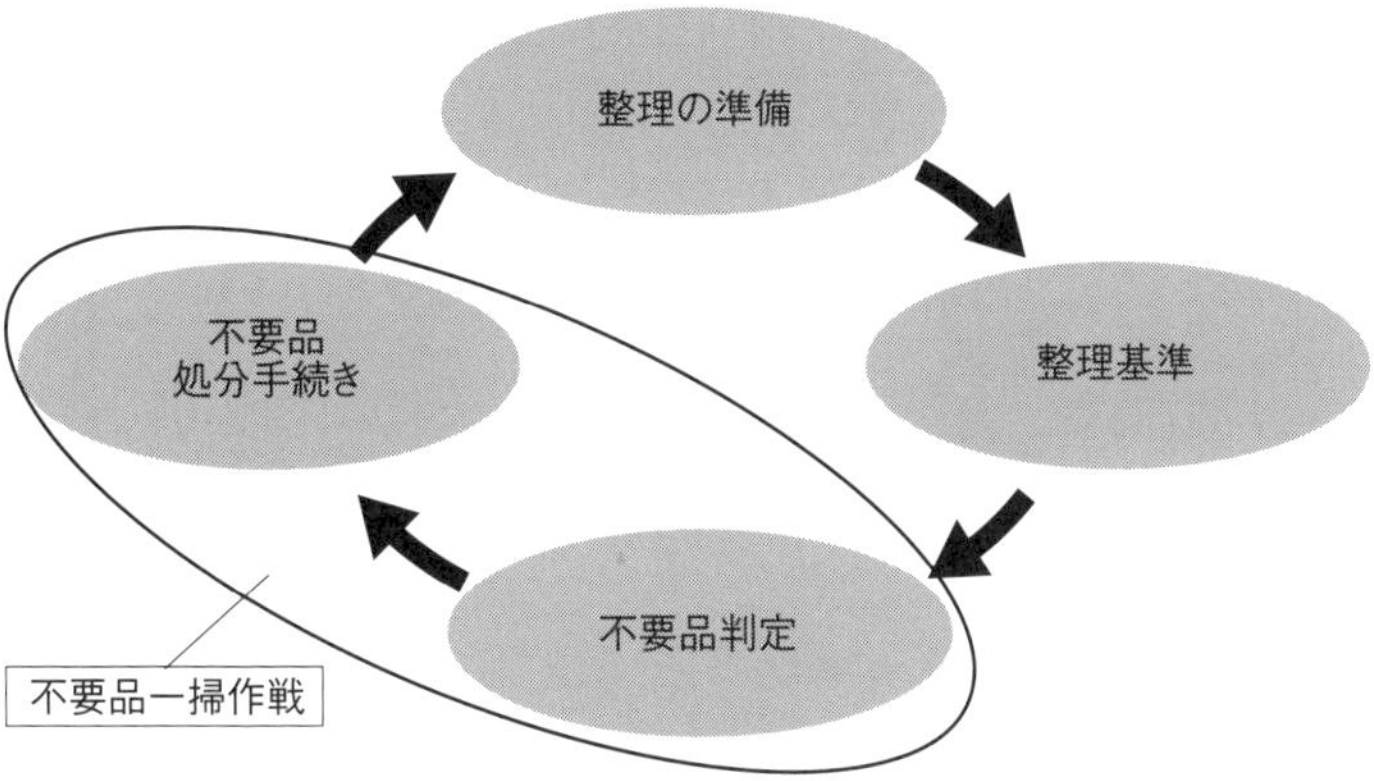

したものでなければならない。

整理

整理は5Sの入り口であり、整理なくして「モノの見える化」は実現しない。いるものといらないものを区分するための基準を明確にし、不要なものは思い切って処分する。整理の流れは図表2‐7の通りであり、毎期末など一定の頻度で定期的に実施するとよい。

さらに、効果的に進めるにあたって押さえるべきポイントを以下に挙げる。

①整理の準備

(a)ブロック内の整理対象を設定する（どこを誰が担当するのか、責任者は誰か）。

(b)基準を定める前に、どのエリアをどの部署が担当するのかを明確にする。

②整理基準

(a)手持ち基準：担当エリアごとの対象物（事務用品以外の工具や道具など）について使用頻度（日・月・年）、使用する単位（個人使用か共用か、使用する数量はどれくらいか）を定める。これら手持ち基準を超えるものは管理担当者に返却・集約する。

(b)不要品管理基準：未使用期間によって不要品を判定する基準。数量を特定する意義が少ないもの（什器《じゅうき》関係）やカタログ類、サンプル類などに有効である（図表2-8）。

(c)事務用品管理基準：不要品基準と同様に、エリアごとや職場ごとにつくる。管理区分は社内の実態に合わせて作成し、基準を超える事務用品は管理担当者に集約（不要品として一カ所にまとめる）する（図表2-9）。

(d)書類保管・保存・廃棄基準：社内の文書類をリストアップした後、その文書の共通化を検討（フロア、部、課、個人など）。また、保管・保存期間や即廃棄する項目を記入し、基準に沿って文書を整理（保管：オフィス内、保存：オフィス外）する（図表2-10）。

③不要品一掃作戦（不要品判定／不要品処分手続き）

整理ステップにおけるヤマ場は不要品判定である。その進め方は、「不要品一掃作

図表2-8 不要品管理基準表(部屋・区画など業務が大きく分かれる担当エリアごとに作成)

職場名　　　　　　　　　　　　　　　　　　　　　　　20×× 年○月●●日

整理ステップ		不要品基準	不要品一掃作戦		備考
対象物種類	整理対象品	未使用期間(月)または(年)	(不要品伝票)要	不要	
什器	机、イス	1カ月			
	棚、BOX	1カ月			
	キャビネット、ロッカー	1カ月			
カタログ類	商品カタログ	取引終了後3年			
	会社パンフレット	取引終了後3年			
	サンプルカタログ	取引終了後3年			
サンプル類	購入品サンプル	2カ月			適宜更新(保管タグへ理由記載)
	新商品サンプル	6カ月			適宜更新(保管タグへ理由記載)

図表2-9 事務用品管理基準表(部屋・区画など業務が大きく分かれる担当エリアごとに作成)

品名	規格	管理区分		
		個人持ち	課持ち	整理ステップ
鉛筆	2B	1		1ダース
赤鉛筆	HB	1		1ダース
シャープペンシル	0.5mmH	1		1
シャープペンシル替芯	0.5mmH			1
蛍光ペン	黄	1		
ホチキス	小	1	1	

図表2-10 書類保管・保存・廃棄基準表(部屋・区画など業務が大きく分かれる担当エリアごとに作成)

文書分類		文書名	共通化				保管・保存・廃棄基準		
			フ	部	課	個	保管期間	保存期間	即廃棄
1	契約	代理店契約					永久		
2		販売契約					永久		
3		雇用契約等					永久		
4	規定	人事、職制、就業					改廃		旧版
5		旅費					改廃		旧版
6		職務基準					改廃		旧版
7		職務権限					改廃		旧版
8		文書保存					改廃		旧版
9		勤怠カード					1年		旧版
10	企画・計画	中・長期計画					3年	4年	写し
11		新事業計画					1年	3年	写し
12		製品開発計画					3年	4年	写し

※改廃:規定類が変更した段階で廃棄することを指す

図表2-11　「不要品一掃作戦」の流れ

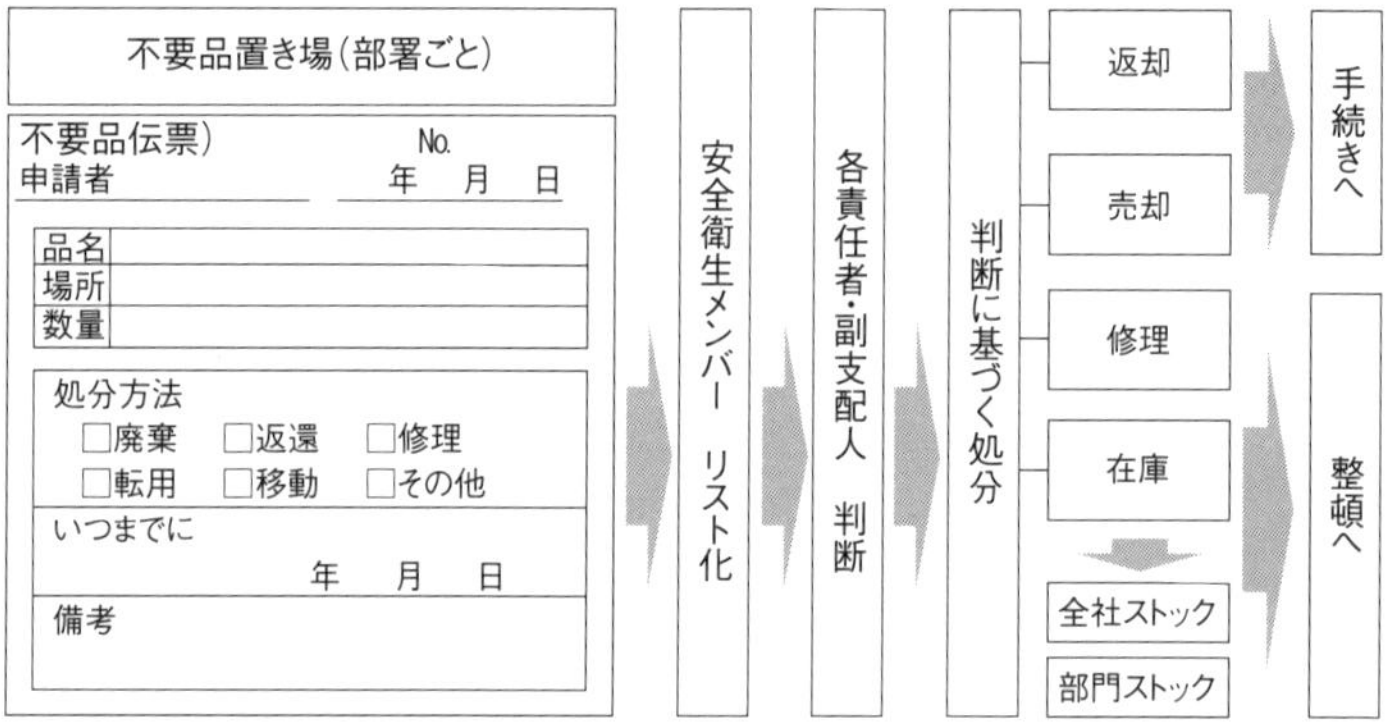

戦」というように全員が関わる形で行うとよい（図表２－11）。

　判定期間を一～三カ月程度設け、不要品置き場を設定し、各人・各部門が自部門の業務で不要と思われるものを、いったん不要品伝票を起こして不要品置き場に移動する。ここで、職場の風景を変えることが重要だ。不要品の処分と手続きのポイントは、次の二点である。

(a)予定通りに処分する：決められた期限までに、速やかに処分する。不要なものがなく、必要なものを探すのに手間のかからない、すっきりとした職場で整理の達成感を味わい、次のステップである整頓へと弾みをつける。

(b)捨てる痛みを改善へつなげる：いざ処分を実施する段階になると、思わぬ痛みを伴う。しかし、痛みに負けて捨てきれずにいると、ものに埋もれてまひした職場から脱出することはできない。そこで、捨てる痛みを改善への出発点とする。

5S活動の突破口は「不要品一掃作戦」に他ならない。勇気を持って取り組んでほしい。

整頓

整頓は、整理ができていることが前提である。いくら不要品を手間暇かけて整頓しても、整理ができていなければ無意味である。整頓を実施する前の徹底した整理によって、必要なものしか職場にないことが、整頓を実施するうえでの必須条件だ。

整頓のポイントは、「置き場」「置き方」「表示（方法）」。この三つを基準に定めたうえで、整頓を行っていく（図表2‐12）。整頓はさまざまな応用ができるため、整頓手法を活用して管理の質を上げることができる。

①在庫品管理

職場のルール（在庫品管理）に関しても、発注点・発注量などの基準を設定することで、ムダのない発注と使用を管理することができる（図表2‐13）。

図表2-12 整頓基準表(例)

5S対象物	整頓対象		使用繰り返し		整頓方法																		
					置き場								置き方				表示物		表示方法				
	製造現場	オフィス	繰り返し	非繰り返し	床	壁	棚	箱	パレット	引き出し	机上	作業台	立体	置く	掛ける	姿置き	現物	置き場	ラベル	現物	絵姿	かんばん	区画
電話機		○	○								○			○				○			○		
書類BOX		○		○							○			○			○	○					○
個人事務用品		○	○							○						○		○			○		
行き先ボード		○		○		○									○		○		○				
ボードマーカー		○	○						○							○		○					

※「整頓対象」は製造現場かオフィスかのどちらかに○を付ける。「繰り返し」は工具のように繰り返し使用するもの、「非繰り返し」は材料のように基本的に1回使えば終わるもの。

図表2-13 在庫品管理表(例)

No.	品名	品番/企画	発注方式	発注点	発注量	最大在庫	到達LT	調達先
1	ボールペン	黒	定量	2	12	14	1日	㈱○○文具
2	サインペン	赤	定量	2	12	14	1日	㈱○○文具
3	ホワイトボード用ペン	黒	定量	2	10	12	1日	㈱○○文具
4	ホワイトボード用ペン	青	定量	2	10	12	1日	㈱○○文具
5	ホワイトボード用ペン	赤	定量	2	10	12	1日	㈱○○文具
6	消しゴム	中	定量	2	3	5	1日	㈱○○商事
7	修正テープ		定量	2	3	5	1日	㈱○○商事
8	ゼムクリップ	大1000本入り	定量	0	1箱(1000)	1箱(1000)	1日	㈱○○文具

図表2-14 ロケーションマップ(例)

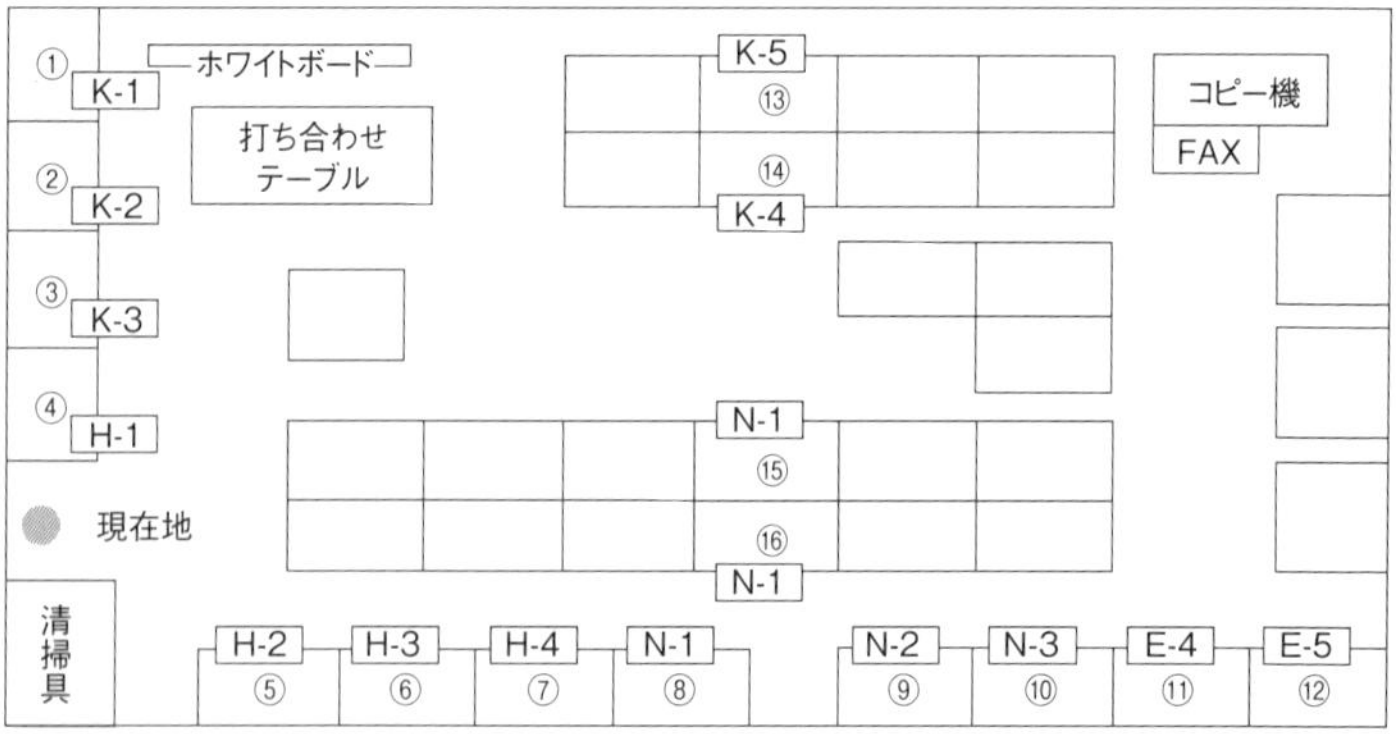

②職場のロケーション

検索容易性を達成するための第一歩として、筆者は「ロケーションマップ（案内図）」の作成を推奨している。全体のロケーションからキャビネットごとのロケーションを設定することで、新入社員も迷わずに取り出し（戻し）ができる（図表2‐14）。

清掃

清掃は、身のまわりや職場を掃除すること。つまり、事務現場における清掃箇所は、部屋、床、机、OA機器、棚などが対象になる。5Sの清掃には、「きれいにする」ことに加え、業務の質や生産性・顧客満足度の向上、安全性の確保と設備予防保全、働く人の意識改革といったさまざまな効果がある。

5Sの清掃は、気付かない所や見えない所の汚れ、ほこり、ごみを取り除き、処分することで快適な職場を維持する。また、OA機器などの徹底した清掃により、故障や不具合を防ぐことで、経費削減、業務効率化につなげることが可能である。さらには、ファイルの紛失に気付いたり、行方不明になっていた重要書類が見つかったりすることも多い。清掃が整頓をさらに徹底していくための有効な手段となる。

清掃の種類は、かける時間や労力、頻度などによって次のように分類できる。

①毎日の短時間の一斉清掃……三分から一〇分程度（始業前後・終業前後）
②毎週の一斉清掃……一五分から三〇分程度
③毎月の一斉清掃……三〇分から六〇分（一時間）程度
④年に数回行う一斉清掃……二時間から四時間程度（連休前、盆休み前、年末）
⑤清掃困難箇所を選んで、他部署の協力を得ながら行う一斉清掃
⑥汚れに気付いた人が、すぐに行う個別の清掃
⑦地域ボランティア（会社敷地外を定期的に清掃する会社もある）

また、清掃の進め方としては、

①一斉に、徹底的に、大掃除を行う
②掃除実施後の状態を保つためには、何を、どのような頻度で、どうすべきかを検討する
③クリーンな状態を保つ方法が決まったら、それをルール化する
④ルール化したものを「清掃点検基準表」（図表2‐15）にまとめる
⑤担当者、清掃箇所、実施曜日や所要時間などを割り振った「清掃分担表」を作成し、それに従って清掃を実施する

(a)清掃ルールの大切さ：漫然と「清掃しよう」と思うだけでは、きれいな状態を維

図表2-15 清掃点検基準表(例、製造業)

No.	清掃箇所	基準	方法・頻度	清掃前状態	清掃後状態
1	SC (P-SC)	ケース、点検口から粉漏れが早期発見(確認)できる状態	清掃(粉などの片付け) ひどい箇所はパトロール時に担当エリアをチェックし1回／2カ月(5S活動時実施)	写真貼付	写真貼付
2	ベアリング軸受	①ハウジングで触手して温度上昇が判断できる状態 ②ハウジング取り付けボルトの緩みが判断できる状態 ③給脂状態、ベアリング内・外輪が目視できる状態	粉などの片付け 油などの拭き取り ひどい箇所はパトロール時に担当エリアをチェックし1回／2カ月(5S活動時実施)	写真貼付	写真貼付
3	AS	ケース、点検口から粉漏れが早期発見(確認)できる状態 屋外の設備は雨養生がしっかりされている状態	清掃(粉などの片付け) ひどい箇所はパトロール時に担当エリアをチェックし1回／2カ月(5S活動時実施)	写真貼付	写真貼付
4	BC	ローラー類が容易に確認できる状態	清掃(粉などの片付け) ひどい箇所はパトロール時に担当エリアをチェックし1回／2カ月(5S活動時実施)	写真貼付	写真貼付
5	その他輸送機	点検が容易に確認できる状態 粉漏れが早期発見できる状態	清掃(粉などの片付け) ひどい箇所はパトロール時に担当エリアをチェックし1回／2カ月(5S活動時実施)	写真貼付	写真貼付

図表2-16 清掃チェックリスト(例、小売業)

店名 ●●●●●店 ●●月分							1	2	3	4	5	6	7	8	9	10	11	12	13	14	15	16	17
No.	全店共通	項目	清掃用具	実施予定	標準時間	担当区分	月	火	水	木	金	土	日	月	火	水	木	金	土	日	月	火	水
1	●	待合テーブル	布巾	9:00	10分	A				/							/						
2	●	受付カウンター	布巾	9:00	5分	A				/							/						
3	●	店舗入り口ガラス	クリーナー 雑巾	9:00	10分	B				/							/						
4	●	給茶機	洗剤 布巾	9:00	5分	C				/							/						
5	●	店舗フロア	掃除機 モップ	9:00	20分	D				/							/						
6	●	作業デスク×5	洗剤 布巾	9:00	15分	B				/							/						
7	●	男子更衣室	掃除機	9:00	5分	E	/	/		/	/	/	/	/	/		/	/	/	/	/	/	

持できない。清掃ルールを決め、手順書や分担表を見やすい場所に掲示し、清掃する人全員に説明することによって、初めて条件が整備されたことになる

(b)清掃ルールの決め方：清掃ルールのうち、清掃分担表は次の項目をもれなく表示することが望ましい

・対象場所（範囲を明確にする）・清掃箇所（どこを）・清掃担当者（誰が）・実施時間（いつ、何分で）・使用用具（どのように）

⑥清掃分担表に沿って確実に実施したかをチェックする（図表2-16）

清潔・躾

整理・整頓・清掃は、みんなで検討・作成したルールや基準を作成することが本質である。それに対して清潔と躾は、簡単に表現するとそれらをきれいに保ち、守ることだといえる。

最終的には一人ひとりの意識改革になるが、維持・管理・改善ができているかを可視化する仕組みを導入することをお勧めする。つまり、定期点検の仕組みである。写真や動画を撮影するなどして定点観測を行い、互いが互いを指摘し合うことが重要だ。一例として、「5S点検チェックリスト」を掲載する（図表2-17）。

図表2-17 5S点検チェックリスト

点検日:●●●●年●月●●日(●) 点検者:●●●●●							1.自主2.相互3.工場長・コンサルタント
区分	点検項目(工場用)	大変よい	よい	普通	やや不足	不足	備考
整理	1.不要品基準・手持ち基準が確立されているか			1			
	2.不要な部品・材料・仕掛品・製品がないか			1			
	3.不要な工具・治具・金型がないか			1			
	4.不要なパレット・容器・台車がないか			1			
	5.不要な梱包資材・ウエス・手袋がないか			1			
	6.不要な設備・機械がないか			1			
	7.不要なサンプル・試作品がないか			1			
整頓	8.整頓基準が確立されているか			1			
	9.部品・材料・仕掛品・製品は定置されているか			1			
	10.工具・治具・金型は定置されているか			1			
	11.パレット・容器・台車は定置されているか			1			
	12.梱包資材・ウエス・手袋は定置されているか			1			
	13.不良品は定置されているか			1			
清掃	14.清掃の役割、分担は明確になっているか(清掃分担・ルールなど)			1			
	15.設備・機械の自主保全基準書や清掃基準書が確立されているか			1			
	16.発生源対策を行っているか			1			
	17.設備・機械とその周囲がきれいに清掃されているか			1			
	18.ごみ箱・灰皿の周りがきれいに清掃されているか			1			
清潔	19.設備・機械・部品の落ちにくい汚れは適宜取り除いているか			1			
	20.床・棚・備品などの落ちにくい汚れは適宜取り除いているか			1			
	21.汚さない、散らかさない仕組みはできているか			1			
躾	22.5S活動スケジュールを作成し、実行しているか			1			
	23.5S活動板を有効活用しているか			1			
	24.後片付け、所定の置き場への戻しなどはできているか			1			
	25.5Sの活動時間を設けて全員で実行・協力しているか			1			
所感	項目数①	0	0	25	0	0	計= 25 / 点数(②÷①)×10
	×点数	10	8	6	4	2	
	小計②	0	0	150	0	0	計=150 / 60点

チェックリストを活用し、活動の進捗や結果の見える化を行うことで、前向きな競争意欲の喚起と成功事例の共有化、優良事例の水平展開を図ることができる。運用法の具体例は次の通りである。

Ⅰ〈趣旨・目的〉
①「維持・徹底」＝「2S（清潔・躾）」の格差是正
②「3S（整理・整頓・清掃）」の基準・ルールの見直し
③さらなる生産性向上に向けた「目的」を持った5S活動

Ⅱ〈進め方〉（以降、現状と同様に事前日程設定の場合。抜き打ち実施もよい）
①いつ：毎月○日
②誰が：5S委員会メンバー
③どこで：事前設定した対象部門／対象エリア
④何を：趣旨・目的の達成状況
⑤どのように：「5Sチェックリスト」をもとに定量的に判定する
　前回指摘内容の改善状況を確認する

Ⅲ〈準備〉

①5Sチェックリストの判定基準の読み込み（委員会メンバーのみならず、被診断者も）

②前回巡回時の指摘事項メモ（チェックリストを活用）

③カメラなど（写真や動画を活用すると成果の見える化にも使える）

④任意として巡回対象部門ローテーション表、参加者名簿など

Ⅳ〈診断の進め方〉

①原則、巡回時間は各部門一〇～二〇分

②前回指摘事項の改善状況の確認からスタート

③チェックリストに基づき判定（以降、重点着眼）

(a)3Sは基準・ルールがあるかどうか（または実態と合っているか）↓現場で突き合わせ、実施状況ヒアリング

(b)基準・ルールを守っているか↓現地・現場で事実を押さえる

(c)全員参加で行っているか↓活動計画などの確認、実施状況ヒアリング

④巡回後のまとめ

必ず巡回する委員会メンバーは、各部門の「よい点」（前回から改善した点や他部門のモデルとなる点など）と「悪い点」（指摘事項の未改善、新規指摘事項など）をまと

め、遅くとも一週間以内にフィードバックすること（方法は要相談）

V〈チェックリスト活用の着眼点〉

①加点主義ではない（減点もあり得る、進んでいても全員参加でなければ不可）

②他部門と比較して創意工夫、差別化要素が見えて初めて「よい」とする

③3Sは特に「基準」が未整備または不適合であれば、以降の各項目は点数を上げない

④ヒアリングは各部門リーダーだけでなく、新人メンバーからも聞き込みを行う

このように5Sは、「3S（整理・整頓・清掃）＝徹底した基準づくりと実施」「2S（清潔・躾）＝相互チェックによる継続的改善」という基準・ルール・仕組みで運用しつつ、各人の意識を高めていくことになる。5S活動の優良企業に共通しているポイントは、

・目的が明確であり、全員に共有されている
・遊び心があり、楽しんで活動している
・活動の成果が定量的に見える化されている
・トップの発信と行動がぶれていない

――などであり、5S活動を通じて一人ひとりが考えて行動する組織へ進化している。

3――業務の見える化(ファイリングシステム)

モノの見える化では、5Sという全員参加による働きやすい環境づくりについて述べてきた。ここからは、ドキュメントを中心とした見える化、すなわち「業務の見える化」について説明する。

筆者はコンサルティングで見える化の手法を導入していくにあたり、業務の可視化を行うことが多い。目的は、〝属人化(ある業務の状況把握や遂行が、特定の担当者にしかわからなくなること)〟した業務を可視化し、標準化、そして計画的育成へつなげ、最終的には誰もが対応できる「マルチスキル化(多能工化)」を図ることである。

業務は結果としてドキュメントデータに表される。印刷されるか、されないかの違いもあるが、日本においてはまだまだ紙での出力や保管・保存が多いのが実情である。印刷物は結果として、個人持ち、属人化しやすく、検索による非効率の温床になりかねない。また、多分に保管管理のスペースを必要とする。

ただ、二〇二〇年に発生した新型コロナウイルスの感染拡大の影響により、モバイルワーク（モバイル端末を使って外出先で仕事をすること）やテレワーク（在宅勤務）といった、会社に行かなくてもフレキシブルに働くワークスタイルが一般化した。また、ペーパーレス化推進によるオフィスのフリーアドレス（社員の固定席を設けないオフィススタイル）化が進んでおり、新たなファイリングシステムの構築が急がれていることも見逃せない。

いずれにせよ、これから紹介するファイリングシステムは、電子データを含む書類の保管・保存の管理方法をシンプルかつシステマティックに行う見える化手法の一つである。

ファイリングシステムとは

ファイリングシステムとは、「作成、入手した書類を有効に活用・処理をして分類・整理・保管・保存から廃棄に至るまでをシステム化した書類の管理体系」をいう。

具体的には、文書の発生（受領）から保管・保存・廃棄に至るライフサイクル（図表2-18）のなかで、文書内容や寿命（期限）、保管場所などすべての情報を可視化し、一気通貫で管理するものである。

なお、「保管」は直近の業務で参照する必要があるなど、作成（受領）して間もない

図表2-18　文書のライフサイクル（電子データも同様）

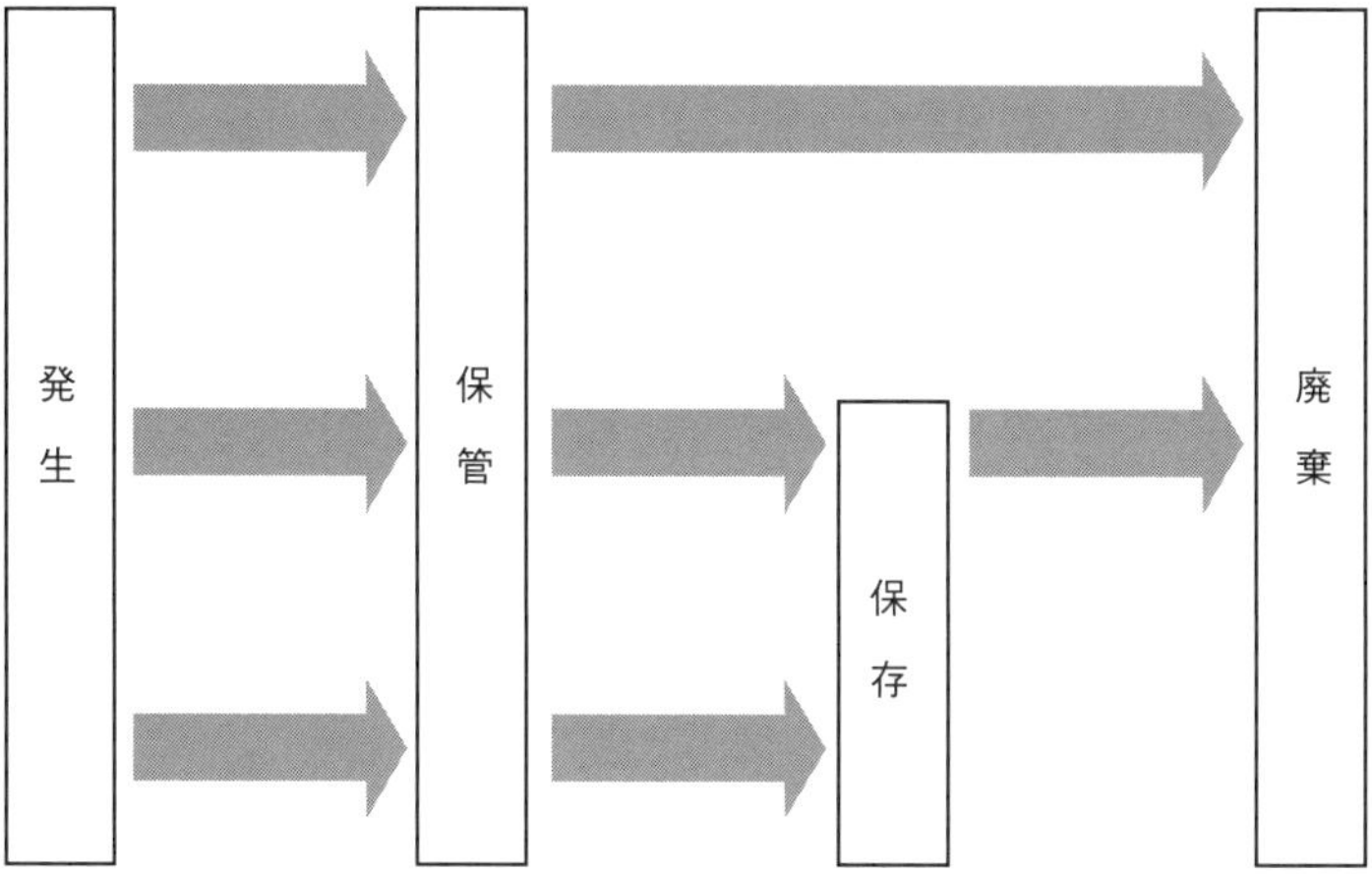

資料を管理することであり、保管場所は「事務所内」となる。一方、「保存」は直近での参照の頻度は落ちるが、法令および会社が必要と判断した期間内に、説明責任を果たすなどの目的でエビデンス（根拠）となるものであり、多くは書庫などの「事務所外」に置きとどめることになる。

ファイリングシステムの目的

ファイリングシステムの目的としては、次の六つがある。

①書類の共有化・効率的活用
②書類探し作業の効率化（タイムセービング）
③オフィススペースの効率的活用（スペ

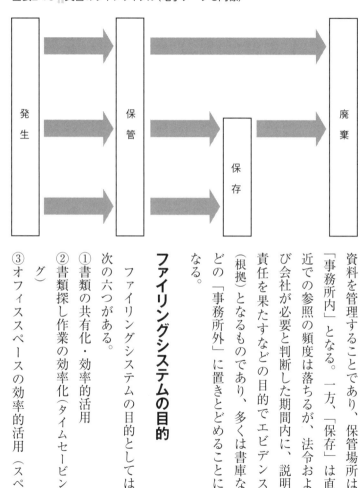

ースセービング）
④オフィス環境の整備
⑤ＩＴ化の基礎づくり
⑥業務の見直し・改善と効率化

そして、その目指すべき思想として「ワンベスト原則」がある。

・ワンロケーション：保管書類は一カ所のみで保管し、重複して保管しない
・ワンファイル：書類を一個人に私物化させず、グループでファイル管理する
・ワンオリジナル：コピーせずに原紙だけ保管する
・ワンペーパー：報告書は書類一枚にまとめる
・ワンサイズ：書類のサイズは「Ａ判」とする
・ワンシステム：保管～廃棄を機械的に処理する
・ワンアクション：書類の取り出し・収納をスピーディーにできるようにする

特に、二番目のワンファイル、すなわち「共有化」は、紙・電子データにかかわらず重要である。

次に、実際の導入ステップについて紹介していこう。

図表2-19　業務分類表の一例（経理部）

大分類	中分類			
経営	**方針管理**	**社長方針**	**事業計画** ・中期事業計画 ・事業計画書 ・役員部会長資料	**年度活動計画** ・年度活動計画書 ・PDCA実施状況表
資産管理	**固定資産** ・固定資産明細表 ・検収報告書 ・機械装置契約書類	**棚卸資産** ・棚卸集計表	**有価証券** ・上場株有価証券管理表	**売上債権** ・売掛債権管理表 ・得意先別売掛金管理表 ・一括・期日指定得意先別一覧表 ・「一括・期日指定」契約書 ・海外子会社債権監理 ・得意先別売掛入金票
資金管理	**資金管理** ・資金増減表 ・銀行借入枠管理表 ・銀行別預貸率管理表 ・月別収支予定表 ・外国為替相場推移表 ・キャッシュフロー計算書 ・資金繰り予測表（6カ月） ・資金関係帳票 ・資金繰り予実績表	**社債発行** ・社債発行契約書類一式 ・社債関連支払い一覧表	**銀行借入・返済** ・借入金残高推移表 ・銀行別借入推移 ・銀行別支払利息明細表 ・資金調達推移グラフ ・借入割引残高表 ・銀行別折衝記録 ・仕訳・伝票起票 ・仕訳伝票綴り	
会計業務	**買掛金債務** ・買掛金支払い一覧表 ・買掛金（材料）相殺データ表 ・請求書綴り ・買掛金（外注）相殺データ表 ・外注費支払い一覧表	**未払金債務** ・未払発生計算書 ・請求書綴り（未払い） ・月末発生計算書 ・未払発生計算書（随時） ・交通費振込一覧表		**請求書管理** ・請求書発行依頼書 ・発行請求書控え ・海外旅費申請・請求書

ファイリングシステムの進め方

業務の可視化において、まず行うべきは「棚卸し」である。個人がそれぞれ持っている属人的なドキュメントデータを含め、すべてを体系的に可視化することが重要だ。「業務分類表」（図表2-19）を用いて可視化した後に、要不要や不足補充の判断を行う。

次に、印刷物であれば「ファイル体系」を考える。ファイル体系とは「ファイルのくくり方（まとめ方）」のことであり、この点を考慮せずに各人の自由な判断で管理をすると運用がうまくいかない。

一般的なファイル体系は、次の二つに大別される。

①業務ファイル

「業務プロセスに従って発生した書類を綴じる」くくり方である。方針管理、予算・実績管理、人事・労務管理、品質管理、在庫管理、納期管理のような「業務機能別に処理する仕事」に適している。

②物件ファイル

「個別の物件ごとに必要な関連書類を綴じる」くくり方である。顧客ごとの受注管理や製品ごとの設計・開発、設備の設計・導入管理、新製品の立ち上げ管理などのように「一つの単位ごとに進める仕事」に適している。

ここで重要なことは、どちらか一方しか認めないというのではなく、目的に照らして選択していくことが重要である。

次に、5S活動でキャビネットのロケーション（位置）を設定した後、必要書類の保管・保存場所の再定義を行う。そして共有化を行い、管理部門ごとに誰もが検索可能にすることが重要である。

図表2-20 ファイル基準表（例）

作成日	2019/9/31
作成者	●●●●

部門名	経理部									
大分類	中分類	小分類（書類名）	ファイル用具（判・種類・厚さ）	原写区分	媒体区分	保管期間	保存期間	ファイルNo.	ロケーションNo.	管理部門
経営	方針管理			写	電				PC2234	経理部
	社長方針			写	電				PC2234	経理部
	事業計画	中期事業計画	小・2穴・3cm厚	原	紙	3年	4年		A3	経理部
		事業計画書	中・2穴・5cm厚	写	紙	3年	4年		A3	経理部
		役員部長会資料	小・2穴・3cm厚	写	紙	3年	4年		A3	経理部
	年度活動計画	年度活動計画書		原	電	3年	4年		PC2234	経理部
		PDCA実施状況表		原	電	3年	4年		PC2234	経理部
	個人別目標管理	職務記述書		原	電	3年	4年		PC2234	経理部
		業績目標設定シート		原	電	3年	4年		PC2234	経理部
		アクションプラン		原	電	3年	4年		PC2234	経理部
		業績目標達成度評価シート		原	電	3年	4年		PC2234	経理部
		能力・情意評価シート		原	電	3年	4年		PC2234	経理部
		競争力評価関係資料	中・2穴・3cm厚	原	紙	2年	4年		A3	経理部
	株主総会	株主資料	小・2穴・3cm厚	原	紙	1年	6年		A	経理部
		株式関係資料	小・2穴・3cm厚	原	紙	永久	永久		A	経理部
	経理部運営管理	見積書	中・2穴・3cm厚	原	紙	7年			A3	経理部
		稟議書控え	中・2穴・3cm厚	原	紙	7年			A3	経理部
		固定費予実績対比表	中・2穴・3cm厚	原	紙	7年			A3	経理部
		予算管理台帳	中・2穴・3cm厚	原	紙	7年			A3	経理部
資産管理	固定資産	検収報告書	小・2穴・5cm厚	原	紙	1年	6年		E1	経理部
	棚卸資産	棚卸集計表	中・2穴・3cm厚	原	紙	1年	7年		E1	経理部
	売上債権	売掛債権管理表	小・2穴・5cm厚	原	紙	1年	6年		E1	経理部
	現金	現金預金出納帳	中・2穴・5cm厚	原	紙	1年	6年		A005-1	経理部

さらに、すべての情報を「ファイル基準表」として可視化する。ファイル基準表とは、いわば〝文書目録〟のことであり、5Sの思想と同様、新入社員でもわかる状態になっていることが肝要である（図表2-20）。

その際は、ドキュメント（書類）ごとにセキュリティレベルやアクセス制限を設定してもよい。たとえば、個人情報は「Aランク」で、印刷物であれば鍵付きキャビネットでの保管とし、鍵を安全管理者が管理する。また業績管理資料は「Bランク」とし、一定職位以上の者のみに閲覧権限を付与して、アクセス方法を設定するといったことである。

最後に、文書目録であるファイル基準表をもとに、実際のファイルの背表紙を設計する。このファイル名（書類名）の設計は意外に見落とされがちである。一定のルールを決めておかないと、各人の判断で書類名が付けられてしまう。そのため、あるドキュメントの保管場所がわかっているにもかかわらず、目的の収納ファイルを探し出せないという事態が得てして起こる。

書類名はもちろんのこと、「発生（作成）年度」「保管期間」「保存期間」「保管場所」なども統一すべきである。現物である各ファイルを見れば、ひと目でその文書のライフサイクルがわかり、期間超過時（一般的には期末更新）には機械的に書類の改廃を行うことができる。

また、印刷物として作成（受領）した文書については、進行プロセスの段階ごとにまとめて「未処理」「処理中」「処理済」とそれぞれファイル背表紙に表示するなど、プロセス別に管理すると業務が可視化されてよい。

(a)「未処理」……情報ソースはあるが、作成もしくは処理していない段階のものなど
(b)「処理中」……作成中もしくは作成が完了し、他者へ回して返答を待っている段階のものなど
(c)「処理済」……作成（対応）が完了し、後日まとめてファイリングする段階のもの

一般的に、案件単位でクリアファイルに入れて管理することになるため、本人はもちろん上司である管理監督者も、書類の厚みによりひと目で仕事のたまり具合や負荷が把握できるメリットもある。

最後に、5Sの整理・整頓と連動して現物管理を行うことで、いっそうのワンベスト管理が進むことになる。「作業効率向上」の観点を必ず押さえ、置き場（キャビネット内の上段に今年度、下段に前年度文書を収めるなど）、置き方（縦置きして横積みしない、時系列に左から並べるなど）、利用方法（取り出し時や返却時に日時・氏名・書類名を管理台帳への記録義務付けなど）といった運用方法も併せて設定することが重要である。

電子データのファイリングシステム

ドキュメントは印刷物だけでなく、電子データも含まれる。電子データ類のファイリングシステムは、基本的に紙ベースの場合と進め方は同じであるが、個別に押さえるべきポイントが増えることに注意を要する。

特に、情報セキュリティに対する考え方を押さえる必要がある。

①定義………「情報の機密性、完全性、可用性を確保すること」

②機密性……「認められた人だけが情報にアクセスできる状態」

図表2-21 電子データのファイリングシステムの流れ

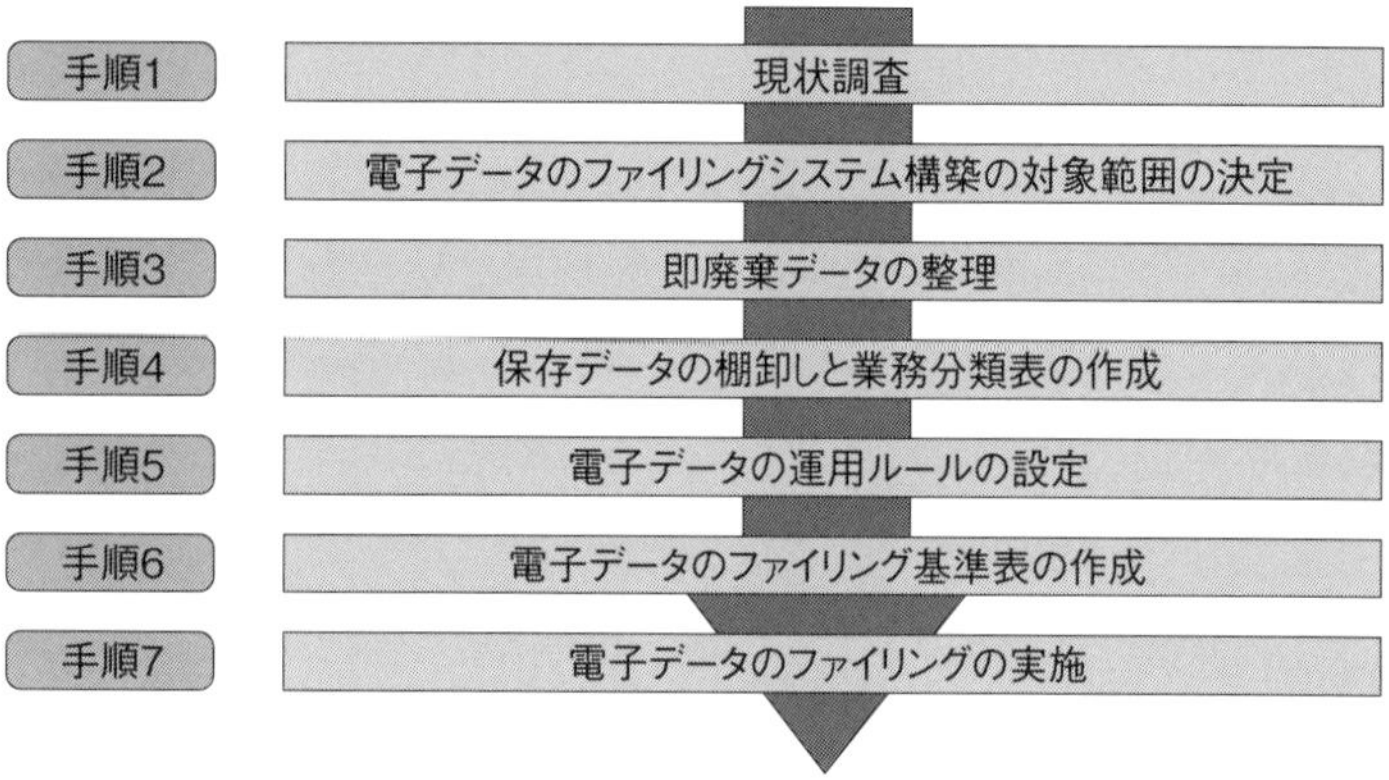

手順1	現状調査
手順2	電子データのファイリングシステム構築の対象範囲の決定
手順3	即廃棄データの整理
手順4	保存データの棚卸しと業務分類表の作成
手順5	電子データの運用ルールの設定
手順6	電子データのファイリング基準表の作成
手順7	電子データのファイリングの実施

③完全性……「情報が破壊、改ざん、消去されていない状態を確保」

④可用性……「アクセス権を有する人が、必要なときに中断なく情報にアクセスできる状態を確保」

機微情報（慎重に扱われるべき情報）の流出により、企業の信用が一気になくなるケースも多く発生している。有形の印刷物はもちろんのこと、無形の電子データは特に管理を強化することが求められる。

　パソコンのデスクトップ画面が仕掛かり中のファイルで埋め尽くされ、欲しいデータを検索するのに時間がかかってイライラする――こうした経験は誰しもあるだろう。自分自身のパソコンがそんな状態なのだから、会社共有のサーバーについても秩序なくデータ

図表2-22　電子データの業務ファイル基準表（例）

作成日	2011/1/31
作成者	●●

部門名　●●部

フォルダ階層																									
大分類		中分類（業務単位）		付加情報（該当○）					小分類（データ名）	紙媒体有	保存先			セキュリティレベル	個人情報	アクセス権限	共有化					保管期間	バックアップ媒体	保存期間	管理G
				年度	物件基準			最新版旧版			全社サーバー	部門サーバー	個人PC				役員	全社	部	課	G				
					顧客名	業者名	製品名																		
1000	経営	1000	中・長期経営計画	○					3カ年事業計画書	○	○			A				○				3年	DVD	5年	情報sys部
									3カ年事業報告書	○	○			A				○				3年	DVD	5年	情報sys部
		1000	部方針	○					部年度方針書	○	○			A					○			3年	DVD	5年	情報sys部
									部戦略方針会議議事録	○	○			A					○			3年	DVD	5年	情報sys部
									採算会議議事録	○	○			A					○			3年	DVD	5年	情報sys部
		1020	部方針管理	○					課年度方針書			○		A						○		3年	DVD	5年	情報sys部
									課年度方針展開表			○		A						○		3年	DVD	5年	情報sys部
									月次報告書			○		A						○		3年	DVD	5年	情報sys部
									グループ長会議議事録			○		A						○		3年	DVD	5年	情報sys部
		1030	G年度方針管理	○					グループ年度方針書			○		A							○	3年	DVD	5年	情報sys部
									四半期達成目標状況総括表			○		A							○	3年	DVD	5年	情報sys部
									テーマ別目標管理表			○		A							○	3年	DVD	5年	情報sys部
									グループ長会議議事録			○		A							○	3年	DVD	5年	情報sys部
		1040	個人目標管理	○					個人目標管理表			○		A								3年	DVD	5年	情報sys部

が置きとどめられ、情報検索で時間と負荷がかかっていることは想像に難くない。

そのため、電子データのファイリングシステムでは、

①ムダなデータ探しの時間の排除

②サーバー容量の効率化

③HDD（ハードディスクドライブ）の有効活用とアクセスタイム（データのやりとりに要する時間）のスピードアップ

④情報セキュリティの確保

――など四点を目的に置き、図表2-21の手順で進めるとよい。

業務分類表を作成した後の運用ルールの設定ステップ（手順5）においては、各担当者に任せていた管理方法を全社あるいは部門単位で統一的に運用できるよう、

格納場所の管理方法（サーバーマップ）を設計することをお勧めする。サーバーマップは改廃の一元化のため、管理責任者を定義して、適宜モニタリングを行うことが重要である。また、電子データは情報セキュリティの観点からセキュリティレベル、アクセス権、およびバックアップ基準なども明確にし、電子データの「業務ファイル基準表」（図表2-22）を作成する。

当然ながら、この考え方は紙媒体でも同様に適用すべきであり、前述した「ファイル基準表」（図表2-20）に盛り込んで一元管理を図っていくこととなる。この内容が長くとも年一回、全社員で進捗管理と再検討を行い、アップデートを図っていく。ISO認証企業においても、文書化の要求事項を実現するよい手法となり得る。

フリーアドレス

現在、紙から電子へと「ペーパーレス化」の動きが進んでいる。前述したファイリングシステムの構築および運用においても、できるだけドキュメントデータをデジタル化し、共有化を図ることが大切である。そして、こうしたデジタル変換による業務の見える化の最終ゴールの一つとして、筆者はオフィスのフリーアドレス化を挙げたい。そのメリットとデメリットは次の通りである。

①メリット

・コスト削減（オフィスの小規模化）

・部署を超えたチーム編成が容易になる

・コミュニケーションの活性化が創造性を生む

②デメリット

・〝フリー〟といいながら、事実上は固定席化するおそれ

・毎日違う人が隣に座ることでプレッシャーを感じることが多い

・自分の席がないことで疎外感を感じる人がいる

当然ながらデメリットもあるが、近年は「働き方改革」や新型コロナウイルス感染拡大などに伴い、モバイルワークやテレワークが普及し、オフィスの省スペース化が進んでいる。導入を検討、もしくはすでに導入済みの企業においても、次の着眼点を念頭に置いて推進していただきたい。

〈フリーアドレスを活用するうえでの着眼点〉

(a)座る席を決める「ルーレットアプリ」の活用（席の選択に遊び心を導入）

(b)会議の低減（「ゲリラミーティング」の増加）
(c)共用会議室の進化（集中ブース、交流エリア）
(d)ブース（仕切り席）やエリア（区域）のデザインに、CI（コーポレートアイデンティティ）を追加
(e)共有物の管理方法（シンプルな発注点・補充点管理）

ちなみに、会議の低減では、成果の見える化（削減時間）を集計・発表・共有することが重要である。またブースのデザインは、コーポレートカラーや企業イメージに合った配色に統一するのはもちろんのこと、インナーブランディング（社内向けブランディング活動）の一環としてデザインを社内公募することもよい。

なお、フリーアドレス化も含め、オフィスのレイアウトを見直す際に参考にしていただきたいオフィス設計の機能別着眼点を挙げる（図表2-23）。単に「ムダなスペースを排除する」という考えから、一歩深掘りした設計コンセプトが必要である。

このうちセキュリティについては、「情報セキュリティポリシー」を設定し、置き場や置き方を設計することが望ましい。ロケーションによってはセキュリティレベルを明確にし、外部侵入を防ぐことも重要である。

図表2-23 オフィス設計の見直しに対する着眼点

全体スペース	全体のスペース配分は、受付、会議室、役員室、ワークスペース、リフレッシュエリア、サーバー室など、オフィスに必要な機能がどれだけの設備と広さで、どこに配置すれば最適であるかをシミュレーションしたうえで算出される。賃貸物件などでは借りられるスペースにさまざまな制限がある。オフィスコンセプトに基づき、どこに重点を置くかを考え、ムダなスペースは努めてなくすという視点が大切。
レイアウト	オフィスのレイアウトは仕事の流れや組織の特性に合わせて決めるのが基本。個人で作業するタイプか、交渉・打ち合わせの多いタイプか、定型の仕事か非定型の仕事かなど、仕事の質や執務形態によって適したレイアウトを構築する。どのような部門の仕事がどのタイプに属するのかは、事前に調査・ヒアリングして決めていく。「フリーアドレス」が広まるなか、省スペース化の流れで個人が独立した机ではなく、最近は連結したロングテーブルが導入されるケースが増えている。全員が在席しているときは狭いが、隣との境界がないので不在のときは自由に使えるメリットがある。
会議室・ミーティングエリア	ホワイトカラーの執務時間において、会議・打ち合わせの占める割合は高い。そのためか、どの企業も会議室・打ち合わせ場所が不足するケースが多い。会議や打ち合わせでは、大人数でまわりを囲まれた部屋が必要な場合と、2～4人程度の少人数で行うスペースが必要な場合がある。少人数の打ち合わせならワークスペースの一部をオープンミーティングのスペースとして、予約なしで使えるようにする。会議室ではPCが使えることが不可欠。プロジェクターなどのAV装置も装備しておくことが望まれる。
コミュニケーションエリア	新しいアイデアや知恵を出すには人とのコミュニケーションが欠かせないが、コミュニケーションエリアを設けるには細かな工夫が必要である。コーヒーなどの飲み物を飲むコーナーや、コピー機のまわりに作業台兼用の立ち話台を設置するなどして、人が集まり滞留しやすくする。人の動線を曲げたりクロスさせたりすることで、偶発的な出会いをつくる。フロア内に階段を設け、上下階の行き来を活発にさせる。出入り自由でアイデアや発想を誘発させるための「場」を特別に設ける。
リフレッシュエリア	過剰なストレスやプレッシャーによって、現代のビジネスパーソンには気分転換のためのリフレッシュエリアが必要になっている。そうしたスペースがないと、社員の不満が高まることになる。ベンチャー企業などでは、仮眠スペースや軽い運動ができるスペースを意識して設けるケースが多い。しかし、リフレッシュエリアがあっても使わないというケースも多い。そこにいると他の社員から「仕事をサボっている」と思われるのではないかと考えるからだ。そのため、リフレッシュすることは仕事を効率的にするうえでも大切と考え、会社として認めている行為であると社内に告知し、リフレッシュエリアの使い方を周知していくことが不可欠である。
セキュリティ	セキュリティの考え方や方向性を示す「情報セキュリティポリシー」を策定することが欠かせない。オフィスのあり方とセキュリティポリシーは密接に関係している。しかし、セキュリティポリシーを綿密に策定したために、他のフロアに簡単に行けなくなったり、社外の人との打ち合わせが面倒になったりするといった問題も生じている。そこでオフィスレイアウトとセキュリティポリシーとを別々に考えるのではなく、業務の流れや関連するセクションや部門の配置などについて、両者を一元的に捉えたうえで設計・策定していくようにする必要がある。

図表2-24　IoTの活用事例

	位置情報	× 環境情報	× 心理情報
情報	従業員や備品、設備などの位置・動線	温度・湿度・照度・騒音・CO_2濃度など	コミュニケーションによる従業員の感情
手段	ビーコン	環境センサー	音声解析(AI)
効果	オフィスレイアウトの改善 人員・設備配置の最適化	職場の快適性の確保 能率が上がる環境整備	チームビルディングの強化 モチベーションの向上

また、共有物の管理方法として、「ＩｏＴ」の活用がある。ＩｏＴ（Internet of Things）とは「モノのインターネット」と呼ばれ、ヒト・モノ・データ・プロセスというすべてをつなげ、生産性を向上させる仕組みのことである。

このＩｏＴを活用すると、たとえば、ビーコン（信号発信機）を搭載したＩＣタグ（無線タグ）を従業員一人ひとりに携帯してもらう、あるいは備品やファイル、工具などに貼付して、センサーで位置情報を把握することにより、それぞれの活動効率や使用頻度を分析するといったことが挙げられる。人や設備などを効率的に配置するための検討資料になり、５Ｓ活動自体の質が高まる。

また、日々のデータをモニタリングすることで従業員の心理的変化にもいち早く気付くことができるなど、多くの効果が得られる（図表2-24）。

「テレワーク」という働き方

新型コロナウイルス感染症の流行が、多くの人々にまったく新しい働き方をもたらした。感染予防という衛生面だけでなく、長時間労働の削減や業務プロセスの電子化に伴う仕事の効率化など、生産性向上を図る取り組みが企業の間で加速している。ただ、医療従事者や小売店員、運転手や配達員などエッセンシャルワーカー（生活必須職従事者）を除き、目立った成果が出ていない、あるいは生産性が逆に落ちてしまったというケースも珍しくない。

内閣府が二〇二〇年六月に公表した「新型コロナウイルス感染症の環境下における生活意識と行動変化に関する調査結果」によると、テレワークを実施した人に課題を尋ねたところ、「社内の打ち合わせや意思決定の仕方の改善」（四四％）と「書類のやりとりを電子化、ペーパーレス化」（四二％）が多く、次いで「社内システムへのアクセス改善」「顧客や取引先との打ち合わせや交渉の仕方の改善」「社内外の押印文化の見直し」「仕事の進捗状況の確認や共有の仕方の改善」などが上位に続く。

筆者が見たところ、テレワークの推進を阻害する要因として、次に挙げる四つの壁があると考えている。

①インフラの壁

ノートパソコンやスマートフォン、タブレット端末を社員に支給していない（できない）、または社外から社内ネットワークに接続する際に利用するVPN（バーチャル・プライベート・ネットワーク、仮想私設網）を構築していないといった課題である。

二〇二〇年の新型コロナ禍では、政府が緊急事態宣言を全国に発出し、企業が慌ててテレワークを導入したため、従業員や経営陣、また企業間取引においても十分なITインフラが整わないまま在宅勤務を始めてしまい、混乱したケースが多かった。

②紙文化の壁

新型コロナ禍では、病院の医師が手書きの感染者発生届をファクスで保健所に送り、受け取った保健所の職員がパソコンに手入力し、その端末の入力データを報告書類に手で書き写すという昭和時代さながらの集計方法が話題となった。

B to B（企業間取引）事業を手がける中小企業は、昭和時代の商慣習が根強く残っているところも多い。テレワークを実施した企業でも、「注文書をファクスで送る」「社外の持ち出しが禁じられている顧客情報ファイルを閲覧する」「稟議書や見積書に三文判を押す」、たったそれだけのために出社するケースも珍しくない。印刷、稟議、押印、郵送など紙文化、原本至上主義から脱皮できなければ、テレワークはかえって非効率になる。

③セキュリティの壁

情報セキュリティ上のリスクの可視化や、対策を講じることができず、情報漏えいなどの事故発生を恐れてテレワーク移行の一歩を踏み出せない。

ただ、日本ＩＢＭが発表した調査結果（二〇二〇年八月）によると、日本企業が情報漏えい発生時に被る損失額は一件当たり約四一九万ドル（約四・四億円）にのぼり、米国やドイツなどに続き世界第五位という規模だ。テレワーク実施の有無にかかわらず、セキュリティ強化は企業の大きな経営課題となっている。情漏漏えいを恐れてテレワーク導入を見送っても、リスクの可視化と対策を講じなければいけないことには変わりない。

④固有事情の壁

テレワークの実施度合い（対象部門・対象者の範囲、頻度、運用ルール）などは会社固有の事情に応じて濃淡を付けるべきであるが、それを曖昧にしたまま何となく導入し、生産性を著しく損なってしまう。

たとえば、在宅勤務中の部下の業務状況が見えないことに不安を感じた上司が、必要以上に細かく報告・連絡を求める「マイクロマネジメント」を行い、部下の士気を下げてしまう。また、顧客・取引先への周知が不十分なままテレワークを行い、会社の信用を落としたり、交代制のテレワークで引き継ぎや申し送り事項の抜けや漏れが多発したりして、テレワークを解除せざるを得なくなるケースである。

コロナ禍のテレワークでは、こうした壁の存在が浮き彫りになった。筆者は、さまざまな事情があろうとも企業は課題を乗り越え、オリジナルなテレワークを推進すべきと考える。「業務の要不要の見直し」「ウェブ会議の普及」「時間管理の柔軟化」「決裁のデジタル化」など、生産性改革を進めるチャンスだからである。

テレワークの導入・改善ステップ

テレワークを正しく導入・運用するためにも現状の見える化と見直しを図り、円滑な導入や運用の改善につなげる必要がある。具体的には、次の四つのステップで推進していただきたい。

①導入(改善)計画立案

現状を確認したうえで導入（改善）計画を策定する。押さえるべきポイントは次の通りだ。

- インフラ調査

実施部門のパソコンやウェブカメラ、スマートフォンといったガジェット（電子機器）をはじめ、Wi-Fi（ワイファイ）などの通信設備環境、およびグループウェアやアプリなどの各種システムの実際の運用状況を調査する。

- 運用状況調査

テレワーク実施（対象）部門における運用状況や社内ルール、会議体系と会議の進め方、業務日報や稟議などのレポートライン（意思疎通系統）、推進体制と各種規定類の整備状況を調査する。

・セキュリティ調査

総務省が発信している「テレワークセキュリティガイドライン」に準拠し、自社のセキュリティ対策における現状の課題を明らかにする。

②運用開始

現状に対する認識を踏まえて、トライアンドエラーで順次運用していく。特に、押さえるべきポイントは次の通りである。

・新業務フローの設計と展開

テレワークへ移管する業務について、リモート化による仕事の進め方、運用ルール、判断の基準など、業務フローを作成して対象部門へ展開する。

・運用推進体制の整備

管理監督者の役割、マネジメント方法やウェブ会議の進行の型決めなど、新たなコミュニケーション手法を再整備する。

・費用対効果シミュレーション
テレワークの導入目的に照らして、必要最低限のインフラ整備にかかる投資金額と費用対効果をシミュレートする。

・規定類の再整備
「新しい生活様式」（「三密（密集、密接、密閉）」回避、「ソーシャルディスタンス（社会的距離）」確保、「コンタクトレス（非接触）」など）の実践のために必要な規定、関連通達の再整備を行う。

③可能性の洗い出し
テレワークの運用開始後、生産性向上に資する各デジタルツールについて導入効果（実現したい姿）とリスク、運用時の生産性指標（ＫＰＩ）を洗い出す。

④効果測定
自社オリジナルのテレワークの運用・移行を順次行うなかで、導入・改善済みの状況についてＫＰＩや意識調査による効果測定を行い、プロジェクト報告会などを通じて社内で成果の共有を図る。

図表2-25　テレワークの効果

事業継続性の確保(BCP)	非常災害時やパンデミック（感染症流行）時における事業継続
環境負荷の軽減	通勤減少、オフィスの省力化による電力消費（量）、CO_2排出量の削減
生産性の向上	顧客への迅速・的確な対応（営業職） 計画的、集中的な作業実務による業務効率の向上（研究・開発職、スタッフ職、営業職など）
ワーク・ライフ・バランスの実現	家族と過ごす時間、自己啓発などの時間の増加（仕事と生活の調和）
優秀な社員の確保	育児期・介護期等の社員への働きやすい環境の実現と、モチベーションアップによる離職の防止（継続雇用）
オフィスコスト削減	オフィススペース、ペーパーコスト、通勤・交通コストの削減
雇用創出と労働力創造	退職した高齢者、通勤が困難な障がい者、遠方居住者などの新規雇用の創出

出所：日本テレワーク協会ウェブサイトをもとに筆者が加工・作成

しかしながら、「在宅勤務に適した仕事がない」「勤怠管理ができない」「情報漏えいの不安がある」など、テレワークに対する懸念の声は多い。だが、テレワークは、しっかり運用すれば、多くの効果が得られることも事実だ（図表2-25）。現場（顧客）と自宅の直行直帰、スマートフォンの出退勤管理アプリの活用、社内システムのクラウドシフトなど打つべき手はある。

ニューノーマルな時代に唯一絶対の正解はない。テレワークの導入・定着に際しては、予算や手段の確保だけでなく、組織内部に絡みついたしきたりの改廃、柔軟性に欠けた旧来型の社風の改革なども必要だ。

業務の見える化のポイント

業務の見える化のポイントは次の三点である。

①部分的な取り組みでは逆効果

一部の人たちだけの活動では、どんなに優れたシステムや便利な備品・設備を導入しても、目的は果たせないということである。「全員参加」がキーワードであり、5Sはそのための活動である。5Sをベースに見える化を進める必要がある。

②組織固有のコンセプト設定が重要

見せ方のコンセプトはもちろん、事業戦略と連動した目指すべき方向（目的）をしっかり設定することが大事である。

③アナログとデジタルを組み合わせる

アナログ的活動が多い5Sにデジタルを導入すれば、目的達成スピードはさらに速まる。ただし、いくら最新のシステムでも、それを生かすも殺すも「人」次第。5S活動を通じて全員参加の活動体質をつくることが肝要である。

4――管理の見える化（ビジュアルマネジメント）

見える化手法の三つ目のステップは「ビジュアルマネジメント（VM）」、つまり「管理の見える化」である。

方針・目標管理、部門の役割・使命から設定した日常業務管理など、指標やサイクルのすべてが管理ボードによってひと目で見える状態にする。具体的には、年度方針や経営計画の進捗状況、各部門の行動状況（PDCAサイクル）、現在の成果など、全社・各部門の経営状態がわかる各種マネジメント情報を、航空機のコックピットの計器盤（ダッシュボード）のように掲示板に貼り出す（「VMボード」）。機長（経営者）や副機長（部門長）、整備士（担当者）がそれぞれ見るべき計器類がある。全社で把握すべき内容と、各部門で把握すべき内容を、掲示箇所ごとでメリハリを付ける。それぞれの役割に応じた問題点、課題、要因、対策、成果までが見える形にすることで、社員全員がタイムリーにマネジメントし、安定飛行・時間厳守（経営では持続的成長）を行うのである。

では、管理の見える化において、何を管理対象とし、どのように管理していけばよ

図表2-26 経営のバックボーンシステム

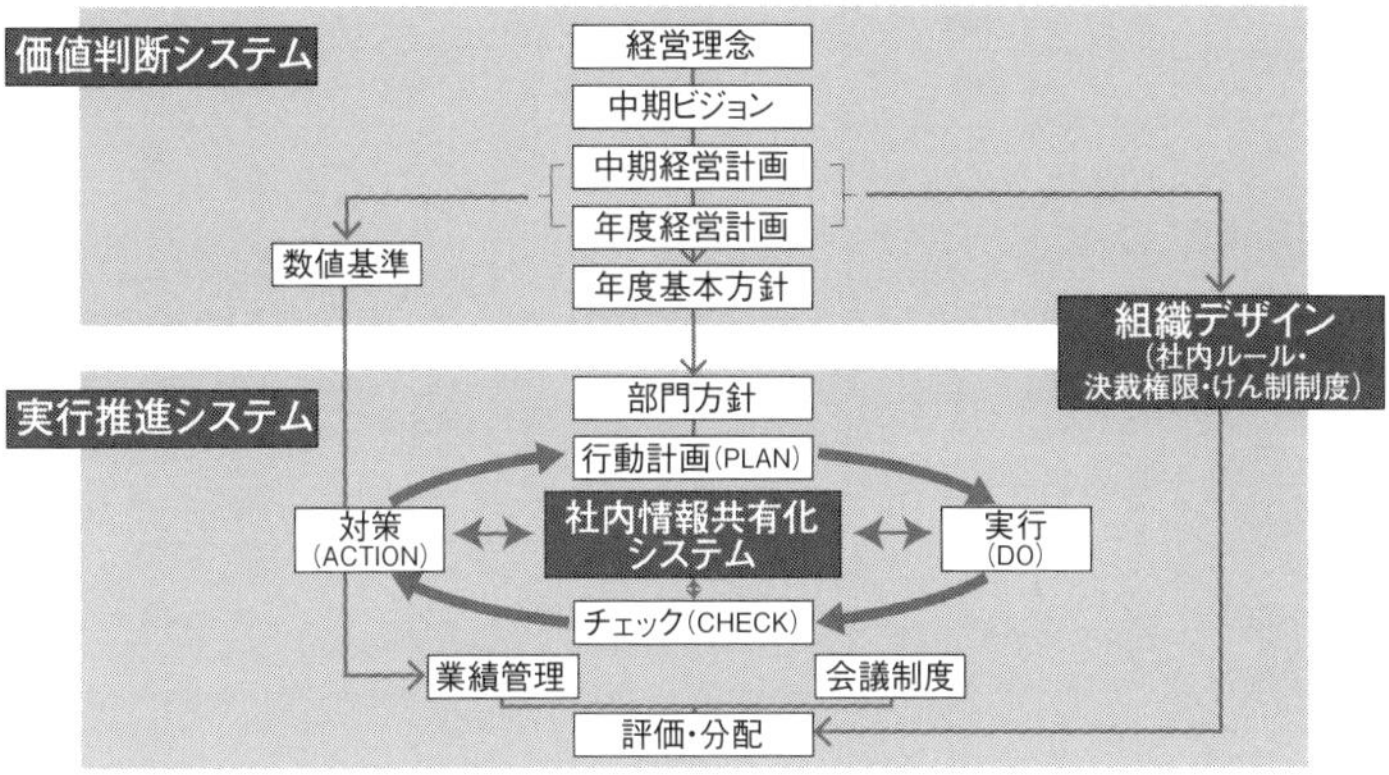

いのか。その中心となるものが、「経営のバックボーン（背骨）システム」（図表2-26）である。

経営のバックボーンシステムとは、経営理念を中期ビジョン、経営計画、基本方針、部門方針へ落とし込み、PDCAを回して評価・分配へつなげていく、組織経営の仕組みである。

経営理念から、その成果である評価・分配に至るまで、背骨（バックボーン）のように軸が通っていなければ、企業は存続することができない。

そもそも経営とは、会社の理念やビジョン・計画（目標）に対し、社員の協力を得て実現していくことだ。そして経営方針（年度基本方針）とは、当期や次年度に重点とすべ

図表2-27　「管理の見える化」成功のポイント

1. ・全社方針と部門方針が連鎖していること
2. ・関係性がわかるように色や矢印・記号などを使用すること
3. ・すべて数値化され、明確な判断基準になっていること
4. ・運用ルールを定め、表示すること
5. ・運用ルールを順守し、管理・運用を徹底すること

き課題を明確にして、組織の方向性を示し、社員全員のベクトルを統一することである。
この一連のバックボーンのなかで、最も重要な鍵を握るのが方針と目標の「連鎖」であり、その役割を果たすのが見える化なのである。

　会社の組織はグループ（集団）と個人で構成されているため、全社の経営方針を部門⇓課⇓班⇓個人という形で有機的に連動させ、展開していくことが肝要であり、価値判断基準の統一、連鎖が企業成長の行方を左右する。

　だが、往々にして組織の下に行けば行くほど、トップと同じ方向を向いているように見えても、目標や方針に対する熱量は下がっていく。多くの負荷をかけて前期のレビューを行い、年度方針書を作成し、大々的に経営方針発表会を行ったものの、社員は目の前の業

図表2-28　方針連鎖のイメージ

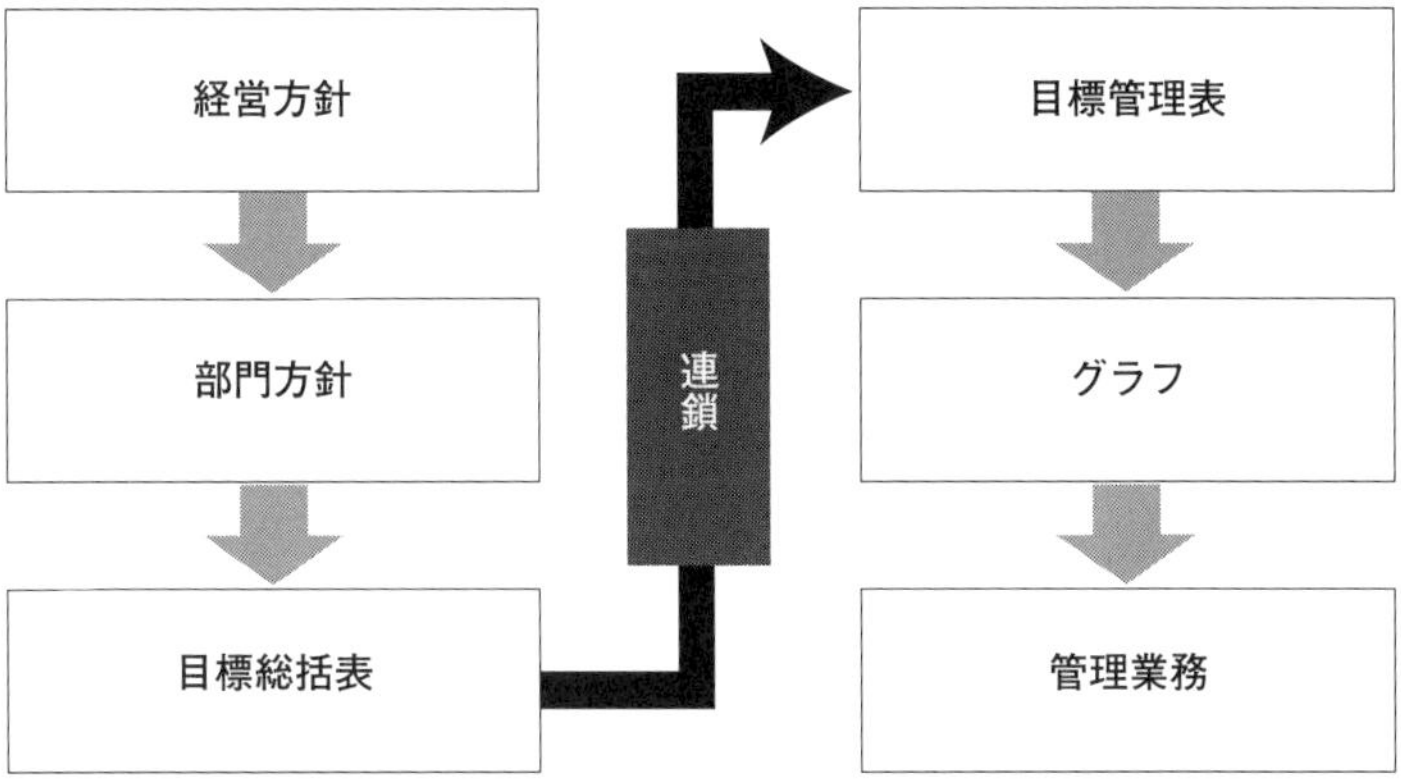

務に忙殺され、目的や進捗が把握されないまま期末を迎えるという企業は多い。

管理の見える化を導入することで、トップの思いがＶＭボードによって常に見える状態となり、思いのすれ違いを防ぐことができる。そして、ボードの前でゲリラ的（突発的かつ少人数）なミーティングを行い、進捗状況や要因分析、対策と実行の中身を把握することで、落とし込みの精度を上げることが可能になる。これを成功させるポイントは大きく五つある（図表２-27）。

まず一つ目のポイントは、全社方針と部門方針がつながりを持って策定・展開されているかどうか。トップの方針を受けて、各部門へ具体的な落とし込みがされているかが重要である（図表２-28）。得てしてバックボーンの上位にあたるトップのビジョンや方針は、表現として抽象的にならざるを得ない。各部門長はトップ方針を受け、自部門の役割使命を踏まえたうえで、明確に5W1Hで表現できるようにすることが重要である。

二つ目のポイントは、VMボード上の情報の立て付け方が、シンプルでわかりやすく、フロー（流れ）が可視化されているかどうか。VMボードに掲示する各種バックボーン資料の流れが重要である。どの方針がどの部門、どの管理項目に連鎖しているかがひと目でわかるようになっていないといけない。また掲示物もあまりに細かすぎると作成の負荷が大きく、作成すること自体が目的になってしまい、成果が得られない。管理帳票類はシンプルに設計し、参照用の詳細資料はデジタルデータ化して、パソコンやタブレット端末上で閲覧するような運用が望ましい。掲示板（アナログ）とサーバー（デジタル）による運用が効果的である。

また、掲示物は矢印や記号などを使って表現し、「戦略ストーリー」として見える化する。方針書という書面を見なくても、常にボードを見ることにより、たとえ新入社員であっても全社や所属している部門の実情が手に取るようにつかめ、これから自分は何をすべきかがわかるようになる。

三つ目のポイントは、各種バックボーン資料はすべて数値化されていることが望ま

図表2-29　KGI・KPIの関係

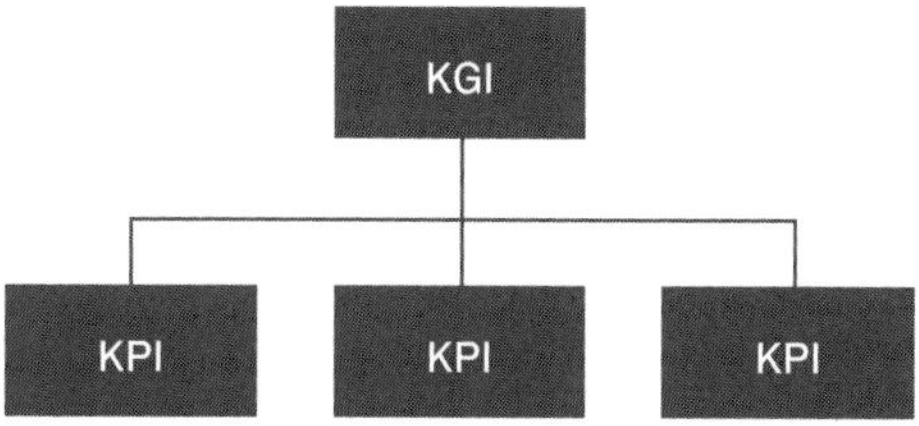

表記	名称	意味
KGI	重要目標達成指標	最終目標の達成を計測するための指標
KPI	重要業績評価指標	目標達成のための過程を計測する中間目標指標

しい。ＰＤＣＡの「Ｃ（チェック）」と「Ａ（アクション）」の精度を上げるために、客観的指標（成果判定基準）として重点項目ごとに達成指標を数値化する必要がある。その客観的指標として活用していただきたいのが、ＫＧＩ（重要目標達成指標）とＫＰＩ（重要業績評価指標）である。

　ＫＧＩ（Key Goal Indicator）は「売上高○○億円」や「売上高経常利益率一○％」などの最終目標であるのに対し、ＫＰＩ（Key Performance Indicator）はＫＧＩを達成するにあたって必要不可欠な中間目標を指す（図表２-29）。ＰＤＣＡを回して、ＫＰＩの進捗を見ることによって、最終目標値とのギャップ解消に役立てる。ＫＰＩは、「実数（または比率）」

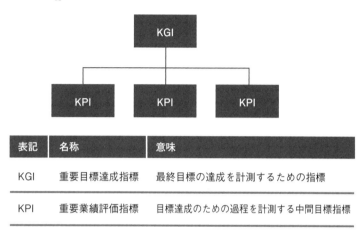

図表2-30　成功要因に基づくKPIの設定

	目的 →	手段 →	成功要因
ストーリー	売上げ拡大 ▼	新規顧客開拓 ▼	技術者同行訪問 ▼
管理指標	売上高	新規顧客開拓件数	KPI 技術者同行訪問件数

	目的 →	手段 →	成功要因
ストーリー	顧客満足 ▼	納品リードタイム短縮 ▼	部品点数削減 ▼
管理指標	顧客満足度	平均納品リードタイム	KPI 平均部品点数

で「客観的」にプロセスを管理するものであり、正常・異常が明確に判断できる。また、ＫＰＩを用いることによって、分析の精度向上と共通指標の形成につながり、メンバーの意思統一が図りやすくなる。

方針推進においては、単純に「コストダウンを図る」や「新規開拓を進める」だけでは、実行・推進力が発揮されず、結果として成果につながらないことも多い。最適なＫＰＩを設定するには、自社の成功要因を分析し、成果につながった要素を突き止める。そして、それが計測できる管理指標をＫＰＩに設定する（図表２‐30）。もちろん、ＫＰＩは一つだけではない。自社の戦略の進捗をモニタ

図表2-31 KGI・KPIの設定事例

産業	分類	指標例	
製造業	KPI(人的資産)	・生産部門社員の経験年数 ・研修受講数（売上高研修費用比率）	・社内外技能試験合格者数 ・従業員定着率
	KPI(構造資産)	・新製品開発数（開発PJ数） ・生産改善提案件数と採用数（率） ・製品ロス率	・生産リードタイム（短縮日数） ・新製品売り上げ寄与率 ・知的財産権保有数（出願・登録件数）
	KPI(関係資産)	・継続受注数（継続受注率） ・共同開発先数（着手件数）	・協力会社数（協力会発注率） ・協力会社への改善指導回数
	KGI	・売上高 ・得意先数	・利益率（利益額） ・従業員1人当たりの付加価値額
非製造業	KPI(人的資産)	・有資格者数 ・研修効果に対するアンケート結果	・従業員満足度指標 ・女性社員（管理職）登用数（比率）
	KPI(構造資産)	・取扱商品数（取扱ブランド数） ・品質改善提案件数と採用数（率） ・HPのアクセス数（HPからの受注率）	・商品在庫回転日数 ・クレーム防止会議の開催数
	KPI(関係資産)	・購入（利用）リピート率 ・ポイントカード会員数	・クレーム数（クレーム解決時間） ・顧客満足度指標
	KGI	・売上高 ・得意先数	・利益率（利益額） ・従業員1人当たりの売上高

出所：中小企業基盤整備機構「事業価値を高める経営レポート
知的資産経営報告書作成マニュアル改訂版」(2012年5月18日)

ーできる管理指標を探し出し、KPIに設定してマネジメントしていただきたい（図表2-31）。

さらに押さえるべきは、結果管理から「プロセス管理」への進化である。現場はどうしても前月の結果をもとに行動する近視眼的なマネジメントになりがちである。日々の進捗を、指標に基づいた正常（達成）、異常（未達成）を可視化することで、遅れを早期挽回できるマネジメントへつなげることが肝要だ。

当然、前月の結果も把握しなければならないが、管理コスト（作成負荷）は低減すべきであり、「目標総括表」というひと目でわかるシンプルな管理表を活用することをお勧めする。これは、それぞれの「目標管理表」の進捗状況を一覧表に集約したものである。こう書くとなんのことはないが、とかく「見える化＝管理表を貼り出せばよい」とばかりに個別の目標管理表を各部門がボードに掲示するケースがある。それは貼っているだけであって、全体がひと目でわかるようになっておらず、目で見る管理とはいい難い。

目標総括表は、単に進捗状況を寄せ集めただけだと芸がないので、遠くからでも進捗結果がわかるように、目標を一〇〇％達成の場合は笑顔、目標未達は無表情、大幅未達（七〇％以下）は泣き顔のシールを貼っていく（または○△×）。笑顔（○）が継続している項目は、あえて策を講じる必要もない。ただ、泣き顔（×）が二カ月連続した項目は「カド番ルール（緊急対策検討・実施の義務付け）」などの運用ルールを設計することで、より質の高い結果管理を行うことができる（図表2-32）。

一方、目標管理表は、月中で重点項目達成のための行動を管理するものだ。常にボードの前で方針の進捗を追うのはこの管理表であり、計画、行動状況、未達要因、および改善実行状況のすべてを把握することで、徹底的にPDCAを回して、月中の遅れを月末には必ず達成させる。遅れが見えることは悪いことではない。遅れを可視化できないことが問題である。また、その問題も各個人や各担当者のみぞ知る〝属人化状態〟だと、組織力は発揮されない。ひと目で全社員が把握できてこそ、見える化の

図表2-32　目標総括表(例)

1.活動評価基準

○目標100%達成　△目標未達　×大幅未達（70%以下）

2.記入期日および担当

目標管理項目	期日	担当	使用資料・帳票
2-1-(1)在庫日数	稼働日で10日以内	計画G	在庫日数推移表
2-1-(2)労働生産性向上	稼働日で5日以内	製造G	工数
2-1-(3)歩留まり改善	稼働日で5日以内	計画G	歩留まり推移表
2-1-(4)廃却不良率	稼働日で5日以内	製造G	廃却不良品推移表
2-1-(5)夏季電力低減額	稼働日で5日以内	計画G	電力請求書
2-(2)固定費予算達成	稼働日で10日以内	工場長	固定費予実管理表
3-(2)納入不良数	稼働日で5日以内	計画G	累積納入不良率
4　水道料の低減	稼働日で5日以内	計画G	水道料金請求書
5-(1)5S評価点	稼働日で5日以内	工場長	5S評価チェックシート
5-(2)VM評価点	稼働日で5日以内	工場長	VM評価チェックシート
6　休業災害件数	稼働日で5日以内	工場長	安全衛生委員会議事録

※工場長のVMボードは生産担当役員が承認印を入れる
※大幅未達が2カ月連続した場合、工場長が中心となり原因追究と挽回策を実施

本質である。

四つ目のポイントは、VMボードの前でマネジメントするための運営方法、ボードの更新ルール、各種ミーティングの開催ルールなどが明確かどうか。

〝明確〟というのは5W1H（いつ：When、どこで：Where、誰が：Who、何を：What、なぜ：Why、どのように：How）で作成されていること、かつそのルール自体を可視化していること、という二つの意味を持つ。

とりわけマネジメントにあたっては「誰が」という役割が不明確になりがちであり、「いつ（いつまでに）」という期限もうやむやになりがちである。

結果的に、目の前の忙しさを理由に

管理の見える化が忘れられ、個々が頑張っているわりには得られる成果は少ないことになる。実行を確かなものとするためにも運用ルールの設計には徹底してこだわっていただきたい。PDCAをよりよく回していくなかで、全社ルールと部門ルール（ローカルルール）が別々に存在していてもいいし、ルール形骸化の防止に向け、ルール自体のアップデートを行うことも重要である。

そして最後の五つ目のポイントは、いうまでもなく運用ルールの順守・徹底だ。最終的にやりきる社風を醸成するため、まず管理者のマネジメント力はどうかである。日々の会議、ミーティングをVMボードの前で行うことから始めよう。議事録として目標管理表などを活用し、常に書き込むようにしてはどうか。方針・目標の達成のために各人の役割・使命、経験、力量に応じた日常業務を正しく積み重ね、計画の遅れに対しては即時アクションを行う。どうしても掲示で満足してしまい（もしくは活用されない）、それが単なる職場の風景として形骸化するおそれがある。管理者がしっかりとやりきる（やりきらせる）意識を持ってVMボードを活用することが重要である。

日常業務の管理についても、VMボードに可視化することでマネジメントの質を高めることができる。部門ごとにそれぞれ固有の役割と使命がある。この役割・使命に基づき、何をなすべきかという重点管理項目が設定される。たとえば、経理部門であ

図表2-33　部門の役割・使命（例）

1.職場の役割・使命

工場の生産活動を円滑に推進していくための計画と統制機能を持ち、納期遅延をなくしリードタイム短縮を図る

2.管理者の役割・使命

役割・使命	管理業務
①営業部門と約束した数量と納期を達成する ②他部門などの生産活動に関係のある部門をリードして生産活動を円滑に推進する ③在庫の削減とリードタイム短縮が図れ、かつ生産現場の作業者と機械設備を効率よく活用することを目的とした生産日程計画を作成する ④生産計画と生産日程計画に対する生産進捗状況を把握し、計画と実績の差異が生じた場合、原因を追求して必要な対策を自ら実施したり、他部門に対し対策についての助言や指示を行い実施させる	受注納期管理

3.管理業務別管理基準道具一覧表

管理業務	管理指標	管理単位	管理サイクル	管理道具
受注納期管理	受注納期遅延率（納期遅延件数÷受注件数）	製品別	週	受注納期管理板

れば経営判断の羅針盤として早期かつ正確な業績管理資料を作成することが重点管理項目だといえよう。単に「売上げを集計する」といった作業単位を挙げるのではなく、まず目的は何かを踏まえて演繹的に考えることが重要であり、その内容を各部門のボードに掲示して可視化し、共有することをお勧めする（役割・使命の浸透）。

併せて、部門の管理者（監督者）の役割・使命も設定するとよい（図表2・33）。管理者の力量、経験に依存するところもあるが、部門管理者としてまず何をなすべきか明確にすることが重要であり、当然ながらそれも可視化と掲示・共有対象である。そして前述の方針目標管理と同様に、管理基準や運用ルールなどの設計を行う。

　このように、目で見る管理は見える化手法におけるステップの最終章である。注意したいのは、管理の見える化は、モノの見える化と業務の見える化が進まないとうまく機能しないことである。だからこそ、全員参加型の活動を体質化したうえで、順次、展開することが重要なのだ。そうでなければ管理者のみの作業になってしまい、目先の仕事に追われて目的と手段が逆転してしまうだろう。

　シンプルな運用も常に意識しながら改善し、ＰＤＣＡの内容の質的向上と管理サイクルのスピードアップを図り、成果の発揮につなげたい。

第3章

見える化の最前線（ケーススタディ）

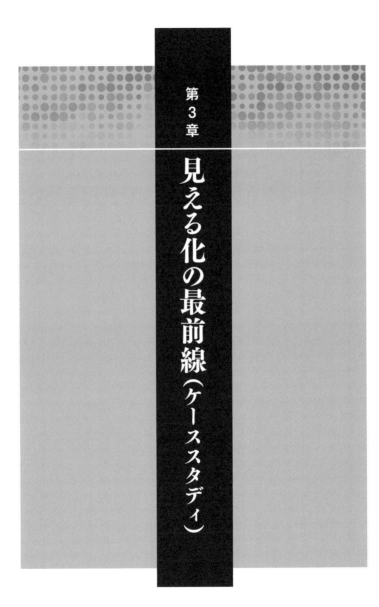

本章では、「見える化」手法を活用した企業事例をテーマ別に紹介する。タナベ経営の支援先、および筆者らが企画・運営する「経営の見える化研究会」の視察企業や、当社が発行する情報誌『FCC Review』の取材企業などである。どの企業も見える化を進めるにあたって、多くの壁とぶつかり、苦労しながら乗り越えている。活動の当初から順風満帆だった事例はないのである。オーソドックスな活動でありながら、うまく社内に定着させ、継続的改善を実現させている。

どのような活動にも、受動的な態度を取る、あるいは「やらされ感」を持つ人が存在する。見える化はあくまでも手法であって、目的ではない。したがって達成すべき目的をしっかりと捉えることが重要である。そして、その活動のプロセスをいかに見える化し、評価、承認してモチベーションを上げ、能動的に行動してもらうか。この仕組みと仕掛けの構築が鍵となる。

事例企業に共通することは、取り組む人たちは総じて目的意識、協働意識、改善意識が備わっており、互いに活動内容を忠告・称賛し合える、厳しくも明るい社風になっていることが特徴である。

1 体質強化――〈三島食品〉

「必ず起きるミス」に気付き行動変革へつなげる

「よい商品をよい売り方で」を基本方針に、素材選びからモノづくり、販売まで、徹底した品質管理を追求し続ける三島食品（広島県広島市）。同社が長い歳月を経て取り組んできた「見える化」の真価と進化に迫る。

〝正しさの確認〟ではなく「間違いを見つけ出す」仕組み

ほのかに漂うシソの香りに包まれた三島食品の本社・広島工場。生産現場に足を踏み入れると、見慣れない光景が飛び込んでくる。「安全安心担当」と書いた真っ赤なハチマキ姿の社員が、右へ左へ……。

「品質と安全・安心を担保する、当社独自の『見える化』の一つで、愛称は〝ハチマキ隊〟です」。そう笑顔で語るのは、工場長を兼務し、ナビゲーター役も務める同社の取締役生産本部長・福田亨氏だ。

看板商品の赤シソふりかけ『ゆかり』を筆頭に、ふりかけの国内トップメーカーである三島食品が、生産現場の見える化に着手したのは一九九七年ごろ。トヨタ生産方式の「目で見る管理」を手本に、4S（整理・整頓・清掃・清潔）の改善から始動した。「いまでは『暗黙知を形式知にする』と表現していますが、もともとはシンプルに『意識して何でも表に出していこうよ』と。頭のなかでコントロールするだけでは見えないし、わからなくなる。見える化の改善事例を私は『コンテンツ』と呼んでいます」（福田氏）

コンテンツの主な事例を挙げてみよう。冒頭に紹介したハチマキ隊は、「安全安心担当」をはじめ「アレルゲン隊」「味覚マイスター」「指差呼称隊」の四チームを編成。このうち安全安心担当チームだけが専任の目利きを配置し、トータルに不良品を検査する。他の三チームは、現場に立つ生産部の社員が本来の担当業務に加えて、いずれかの役目も担う仕組みだ。

アレルゲン隊はアレルギー物質の混入をチェック。また五味（甘味・塩味・酸味・苦味・うま味）テストに合格した味覚マイスターは原材料の味覚を確かめ、指差呼称隊は「砂糖を二・五kg投入ヨシ！」など、具体的行為を口に出し脳を呼び覚ます「詳細型指差呼称」を行う。

「各工程担当者のシングル＆ダブルチェックが基本ですが、より精度を高めようと生まれたのが担当外の各チームによるクロスチェック。ハチマキで『誰が、何を』の役割がひと目でわかれば、妙な軋轢《あつれき》も生じませんから」（福田氏）

また、個々の職能レベルを見える化するのが「私、ここまで出来ます！マップ」。工程ごとにどの仕事をどこまで任せられるか、円グラフを四分割してスキルレベルを表示。人員配置のミスを解消し、また多能工化に向けたモチベーションにもつながっている。

いずれも「ミスは必ず起きる」という考えが大前提にある。「一万回に一回は起きると想定し、見える化で確率を一〇〇万分の一に下げようと。大事なのは、正しいことの確認ではなく、間違いを見つけ出すこと。担当者がボーッとしていても異常が見えるように、と取り組んでいます」（福田氏）

「名前立て」で定着・浸透、さらに「魅せる化」も始動

自社開発の生産管理システム「ＭＤＡＳ（三島デジタル安全安心システム）」をベースに、次々とコンテンツが生まれ、定着するのはなぜか。そのヒントは独特の「名前立て」にある。名前立てとは、見える化によって改善された技術や道具、作業に、新た

なネーミングと定義付けをすることだ。

「現場の工夫や改善に、積極的に名前を付けて共通化しています。そうしないと伝わりにくいし、面白おかしく付けると、共感も高まるんですよ」（福田氏）

話し手は何かにたとえる回りくどい説明を省き、聞き手はわかりにくさから生じる誤解を防ぐ。共通言語を持つことで意思疎通を高め、行動も共有しやすくなるのは、異文化コミュニケーションにも通じる納得の道理だ。独自の名前立ては「三島生産用語」として、生産現場のあらゆるシーンに浸透している。その数は何と一三〇ワードにも及ぶ。

たとえば「一変化点三不具合」。これは、一つの変化で三つ以上の不具合発生を予測し、未然対策で防ぐこと。「変化点フラッグ」は、その起点となる目印だ。また「お座敷コール」は、仕事がたまるとコールボタンを押し、バイブレーターで受信した多工程持ちの作業者「水すまし」が駆け付けてサポートする。「とらジアム」「さいジアム」は、緊急度の高さを三段階に分け、レベルごとにトラブルと災害の発生事例をミュージアムとして情報公開している。

福田氏のお気に入りは「福の神」。人員が足りない現場を手伝うため、他の職場から補充される人のことだが、「『お手伝いさん』では、力になる意味合いが弱い。迎える側は『神』と感謝し、行く側も『福をもたらす』心意気で力を尽くす。いいネーミングでしょう」。

今日は「福の神」二人、お願いします――。そんな会話も最初は違和感があったが、「いつか、当たり前になる」（福田氏）。このような積み重ねが、三島食品のモノづくりの大きな強みとなっている。

さらにいま、力を入れるのが「魅せる化」だ。視察に訪れる人へ、現場でコンテンツの改善プロセスと成果をモニター画面や壁新聞で紹介。よりわかりやすく、と工夫を凝らしている。

「見える化を自己満足で終わらせるのではなく、お客さまの目線も意識していこうと。本当に理解、実践していなければ伝えることは難しいですね」（福田氏）

魅せる化が、見える化のセルフチェックの役割も果たす。新たに取り組む「稼働管理モニター」はその好例だ。包装工程の一日の稼働状況が現在進行形で表示され、機械停止や不良の要因も当日中にわかるようになった。

「従来は月一回、対策や改善を終えた後に報告され、死亡診断書みたいなものでした。いまはすぐに次のアクションに向けて生きた議論ができます」（福田氏）

見える化＆魅せる化には「目で見るリスク」を次代へ継承する狙いもある。食品メーカーとして「過去からずっとあって、これからも変わらない」と福田氏が語る四つのリスクがある。生産機械の摩耗による部材混入、潤滑油の混入、衛生害虫の混入、単独特殊機械の故障・トラブルだ。

「その時々に考えた最適な改善も、やがて必ず陳腐化していきます。誰もがわかっていることでもちゃんと見える化し、いつまでに見直すかがわかるようになれば、いつの時代も最適な姿で継承していけると考えています」と福田氏は言う。

自社らしく取り入れやすく、「自発性」がスタートライン

生産現場で始まった見える化は、数年前から全社的な位置付けの活動へと広がっている。

営業部門では、ふりかけを使う料理シーンをマンガで見える化し、小売店バイヤーへの提案・販促ツール、店頭ＰＯＰに活用している。海外市場でも「言葉の壁」を超える役立ちツールとなり、営業担当の顔をアニメ風にイラスト化した「アニ名刺」も話題を集めている。

「マンガやイラストの活用は、生産現場のミスを病気と定義し、どうすれば治療できるかを見える化したのが始まり。生産部のマニュアルや工場視察のガイダンス資料も

マンガ化しました。かつて漫画家を志した社員が、生産部でその経験とスキルを発揮してくれています」

「三島生産用語では本来の職務を『A面活動』、それ以外に自分の好きなことをやる役目を『B面活動』と呼んでいます。B面活動だったアニメ制作もいまでは生産部のA面活動になり、担当者は一日中マンガを描いています。得意なことや好きなことは社員の数だけありますし、その違いを表に出す見える化が〝人を生かす〟ということ。特異な存在は『変人認定制度』で認定しています。変人とは〝変革を起こせる人〟という意味です」(福田氏)

文字や写真の羅列よりもストーリーのあるマンガを活用すると、教える側はわかりやすく指導でき、教わる側も共感しやすい、と評判は上々だ。三島生産用語の上をいく「面白、おかしく」が、「三島食品の見える化」の一翼を担い始めている。

不良品が減れば実稼働が増え、生産性は上がる。三島食品は、出来高に対する労務費比率など、生産性指標の見える化も実施している。

「まだ十分とはいえませんし、今後はロボット化も進めていきます。ただこの二〇年を振り返って、食品メーカーの多くはそれほど生産性が上がっていません。安全・安心への関心の高まりで人的資源の投資が増えましたから。特に、自然素材の原料にこ

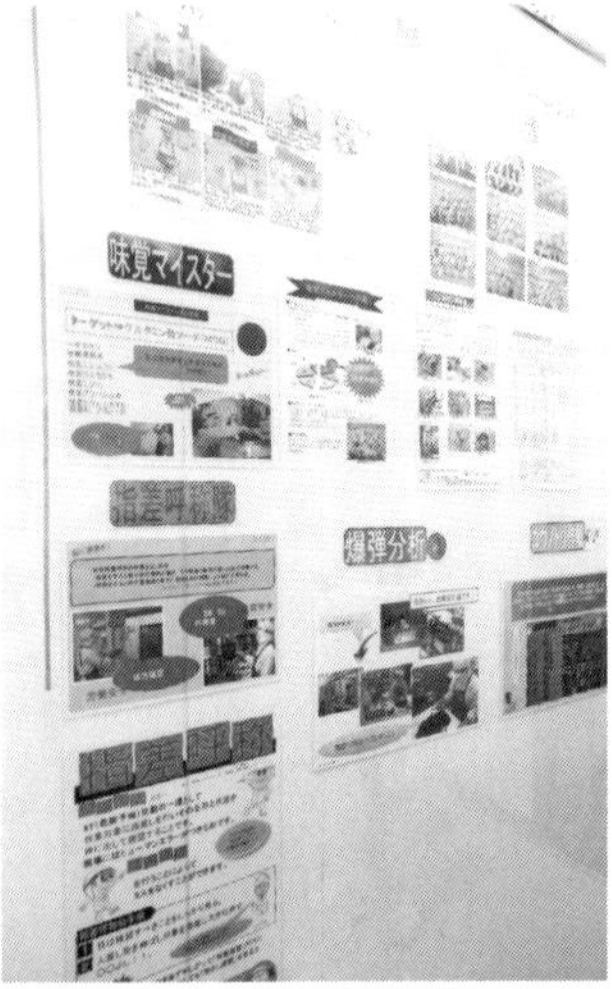

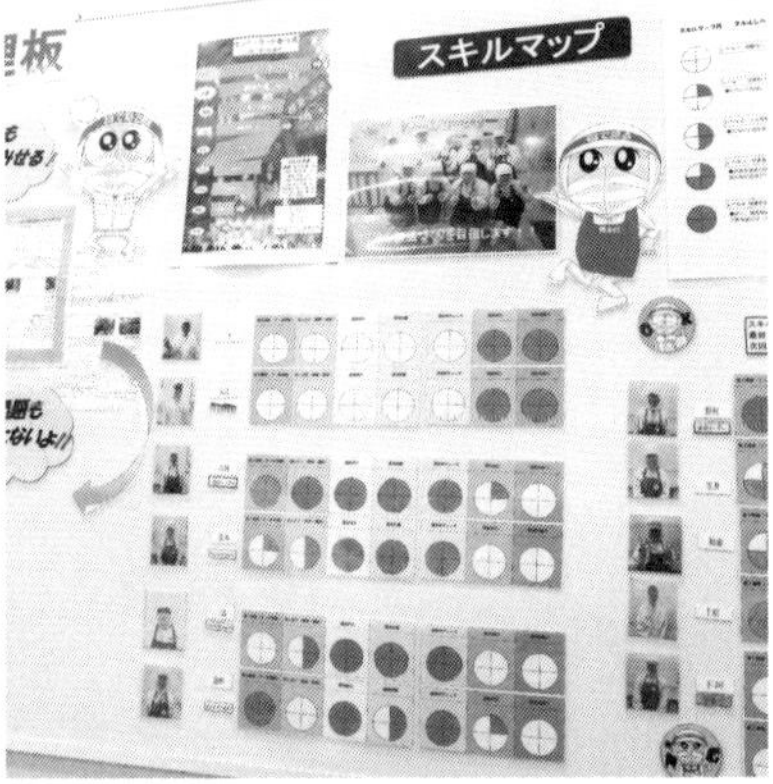

（右）四分割の円グラフで、誰がどこまでの作業ができるのかを一覧化した「私、ここまで出来ます!マップ」。作業者と上司が相談し二カ月に一度、情報を更新する

（左）多岐にわたるコンテンツ（見える化事例）を現場に掲示して紹介するなど、工場視察者に「魅せる化」する取り組みも実践している

だわる当社は、画像認識など最先端の機械を導入しても、人の目によるチェックは不可欠なんですよ」（福田氏）

見方を変えれば、それほどまでに品質にこだわったモノづくりを選択し、磨きをかけてきたということだ。異物混入やアレルギー被害の発生など、世間で企業の存亡を左右する事件が多発するなか、三島食品にもかつて機械油の混入という、忘れられない苦い思い出がある。だからこそ、人も機械もそれぞれに見える化を推進し、進化させることで「しっかり守る」という強い信念がにじむ。

「企業それぞれに異なる文化や風土

がありますし、自社らしく手を加え、取り入れやすいようにやらないと、長続きしません。やりたい人が好きなようにやっていくことも大事ですね。自ら手を挙げ、自分で活躍の舞台を創り出す。そんな自発性が、見える化のスタートラインではないでしょうか」（福田氏）

2

ISOと融合した「見える化」で職人的組織から脱皮

目で見る管理――〈新潟クボタ〉

新潟県新潟市に本社を置く新潟クボタは、農業機械の販売・メンテナンスを中心に、農業に関する幅広い事業を展開している。メンテナンス技術者など職人気質の従業員が多いなか、作業の「見える化」をはじめ、「VM（ビジュアルマネジメント／見える管理）」などあらゆる見える化手法を駆使し、サービス品質の向上を実現している。ISOを最大限に活用して人材育成にまでつなげる同社の取り組みは、見える化手法の本質を押さえた「お手本」とすべきものである。

農のイノベーションを目指す

「わが社は、日本農業を発展させる使命のもと、お客様と社員の幸せを願い、農需を含め農機業界、全国トップの会社づくりに日々挑戦する。」

これを経営理念に掲げる新潟クボタは、社名が示す通り、産業機械大手クボタの農業機械製品などを販売する企業である。クボタ農業機械の販売・メンテナンスを中心に、農業に関する幅広い事業を展開しており、メンテナンス技術者など職人的な業務に従事する社員が多いなか、作業の見える化をはじめ、ＶＭなどあらゆる見える化手法を駆使し、サービス品質の向上を実現している。また、ＩＳＯを最大限に活用し、人材育成にまでつなげる手法は、見える化の本質を押さえた「ロールモデル（手本）」企業といえる。

現在、日本の農業機械業界はクボタ、ヤンマーホールディングス、井関農機、三菱マヒンドラ農機の四社が約八割のシェアを占める寡占市場となっている。また、近年は日本の農業衰退に伴って市場規模が鈍化傾向にあり、農業機械の普及がほぼ一巡したこと、さらに農業就業者数と耕地面積が減少傾向にあることなどが、市場寡占の主な要因となっている。

図表3-1 イノベーションに向けた活動

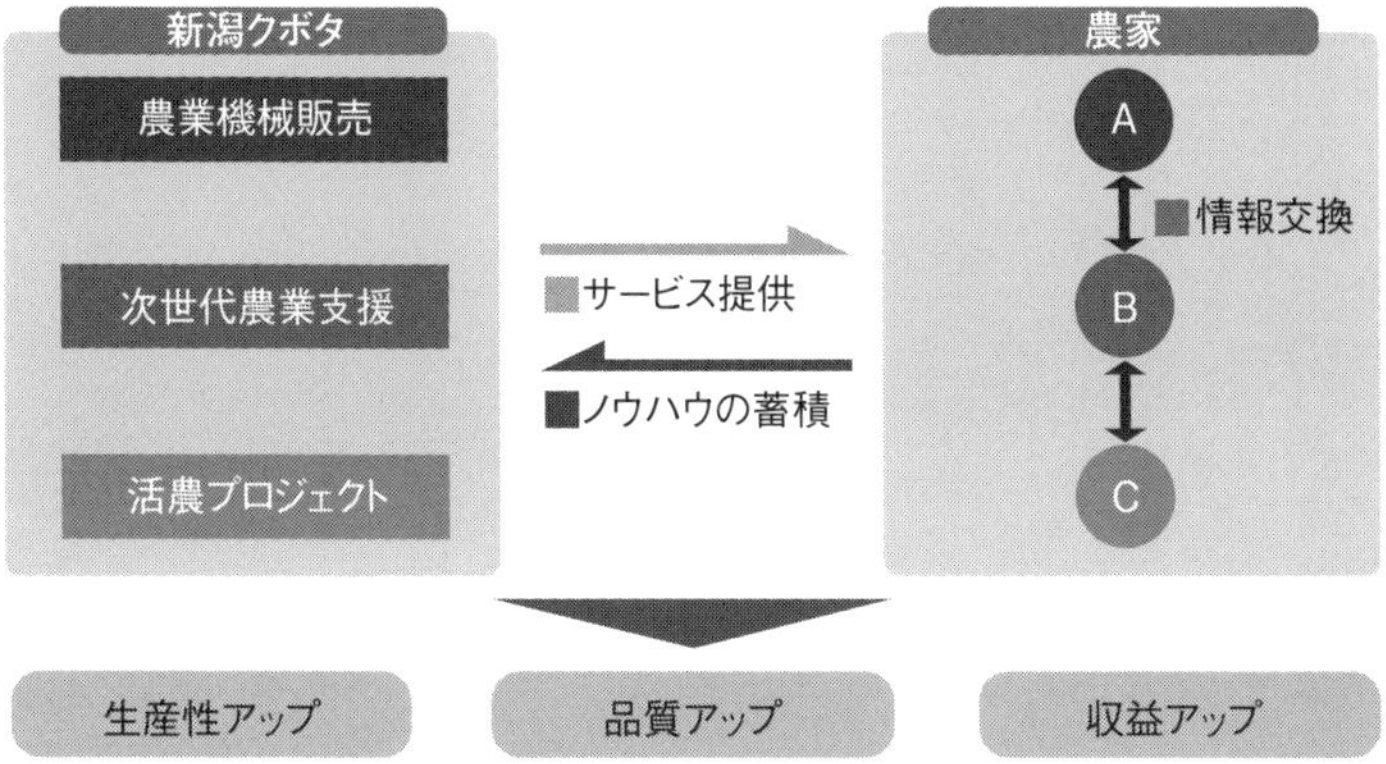

同社は、そんな市場の変化をいち早く見抜き、一九九〇年一月に同社施設部を「建築部」と改称し、一般住宅、リフォーム部門を強化。また「車輌課」を新設し、自動車の販売、車検、整備、保険関係へ進出するなど、農村総合商社へとシフトし、農家に対し、農業機械だけではなく生活のトータルサポートを提供する企業へと進化した。

さらに、二〇〇四年一二月、農業の将来を見据えて「ソリューション営業部」を新設するなど、次代のイノベーションを起こせる組織体制へ変革を続けていった。そして現在もなお、変革の手を緩めることなくイノベーション活動を続けている。

たとえば、新潟県を農業で盛り上げようとする「活農プロジェクト」や自動運転・直進自動操舵、農業用ドローン、IT農業、六次産業化、担い手農家とともに次世代農業に取り組む「次世代農業支援」などである。同社の吉田至夫《のりお》社長は、高齢化・温暖化、ホビー農家（農業を趣味やレジャーとして楽しむ人）の台頭など農業界の変化を感じており、今後も既成の枠にとらわれることなく変化に対応し、新規事業を開拓していく姿勢を見せている（図表3－1）。

新潟クボタ（サービス事業部）における「見える化」

「クボタ品質」とも呼ぶべき高品質の維持――それが、新潟クボタの誇るマネジメントシステムである。それに寄与しているのが、ISOを活用した改善と、品質維持の管理体系である。これによって戦略実行力のさらなる進化につながっている。

そして、その高度なISOマネジメントシステムの礎となっているのが、同社が実践している「見える化」管理体系、通称「目で見る管理」である。

同社の目で見る管理は、次の四つの管理から構成される。

①経営方針・目標管理

新潟クボタの見える化の特徴は、理念・ビジョン・方針・計画を社員に対して明確に示しつつ、ＩＳＯの要求事項と連動させている点である。これにより品質管理の概念が行動レベルにまで浸透することを目指している。方針・計画が単に掲示されているだけではなく、一人ひとりの行動へ落とし込むことをゴールとしている。

②人材育成管理

現場の課題を洗い出していくなかで、整備工に固有の職人気質、技能の属人化、作業のバラツキが散見された。そこで、要求事項のベースとなる方針・目標管理、人材育成および作業環境について一つのロールモデルをつくり出し、各拠点に水平展開していく方法で技能の標準化を推し進めていった。

「クボタ品質」を達成するにあたり、作業の判断基準（整備基準）を定義し標準化を図るとともに、関連帳票と業務フローの見直しを同時に行い、作業効率化の礎を築いていった。さらに、新入社員には個別育成シートを設計・導入、即戦力化の一助としての仕組みづくりを行った。

③品質管理

新潟クボタの品質管理における特徴は、「クボタ品質」を維持・標準化するために、さまざまな基準・ルールを目で見える形で設定・運用している点である。社内共通言語の整備に始まり、現場の勘所を加味したオペレーションマニュアル（整備基準）の設定、スキルマップによる力量評価とスキルアップ計画（ＯＪＴ計画）による緻密な育成・技能伝承を実行していった。

加えて、スキルマップに基づいて品質向上のための各部門・各個人における育成計画を策定した。ＫＰＩとして事業部目標の前期比二〇％アップというスキル向上に向けた計画的育成と、育成のためのテキスト（手順書、動画マニュアルなど）を整備し、人材育成にあたっている。

④5S（作業改善）管理

ＩＳＯにおける部門別個別巡回の際に、必ず「５Ｓ診断」を行うことを徹底している。各部門方針と連動させることで、不要品一掃作戦を開始し、作業工程の改善を行った。最終的なゴールは、拠点間の格差（行動、意識）を解消し、全員参加での「生きた」５Ｓ運用を行うことである。

目で見る管理の成果

こうした四つの目で見る管理により、多くの成果が同社にもたらされた。次に、代表的な成果を紹介しよう。

①ＰＤＣＡの質的向上

方針・計画を見える化によって個人の行動に落とし込み、管理することで、それぞれの活動における問題点・要因・対策のすべてを可視化することが可能になり、改善のためのＰＤＣＡサイクルを高いレベルで回すことができるようになった。

②属人化からの脱皮

整備工固有の職人気質、技能の属人化、作業のバラツキなどの課題を分析し、見える化を行うことで力量を正しく認識・評価できる、現場での計画的育成の仕組み構築に成功した。また、同時に作成を行った簡易職務分掌に基づき、主担当・副担当を個別に定義していくなかで属人化状況が見える化されたため、人材育成計画と連動して整備を行うことができた。その結果、職人集団組織からの脱皮と、イノベーションを具現化する人的資源の確保を行えるようになった。

③作業標準化

社内共通言語の整備やオペレーションマニュアルの設定とともに、人事育成面でもスキルマップによる力量評価とスキルアップ計画（ＯＪＴ計画）による緻密な育成・技能伝承を行ったことで多能工化が進み、作業工程全体が最適化された。

④ミス・ロス低減

不適合（ミス・ロス・クレーム）を低減・除去するための仕組みを導入。社外クレームとその運用方法を定義し、発生原因と流出原因に対する再発防止策を、「暫定対策」（すぐに取り組める再発防止対策）と「恒久対策」（仕組みやルール、システムなどによる再発防止対策）に分けて立案する体制を構築できた（すでに導入されていたクボタの「再発防止報告書」を活用した）。

また、営業部門に対して繁忙期後に社外からクレームがなかったかどうかの確認と、そのための帳票（営業用外部クレーム報告書）を整備し、顧客対応力を向上させることで、企業ブランドの向上を達成することに成功した。

⑤社員の自立性の向上

5S活動が進行するにつれ、組織の風土も変化してきた。従業員が、強制されることなく自発的に5S活動に取り組み、成功事例の水平展開が頻繁に行われるなど、自律的な改善行動が随所に見られるようになった。この「全員参加型風土」の醸成により、明確な秩序と規律が芽生え、社員が皆、同じビジョンを共有して自律的に行動できる有機的な組織へ変貌を遂げたのである。

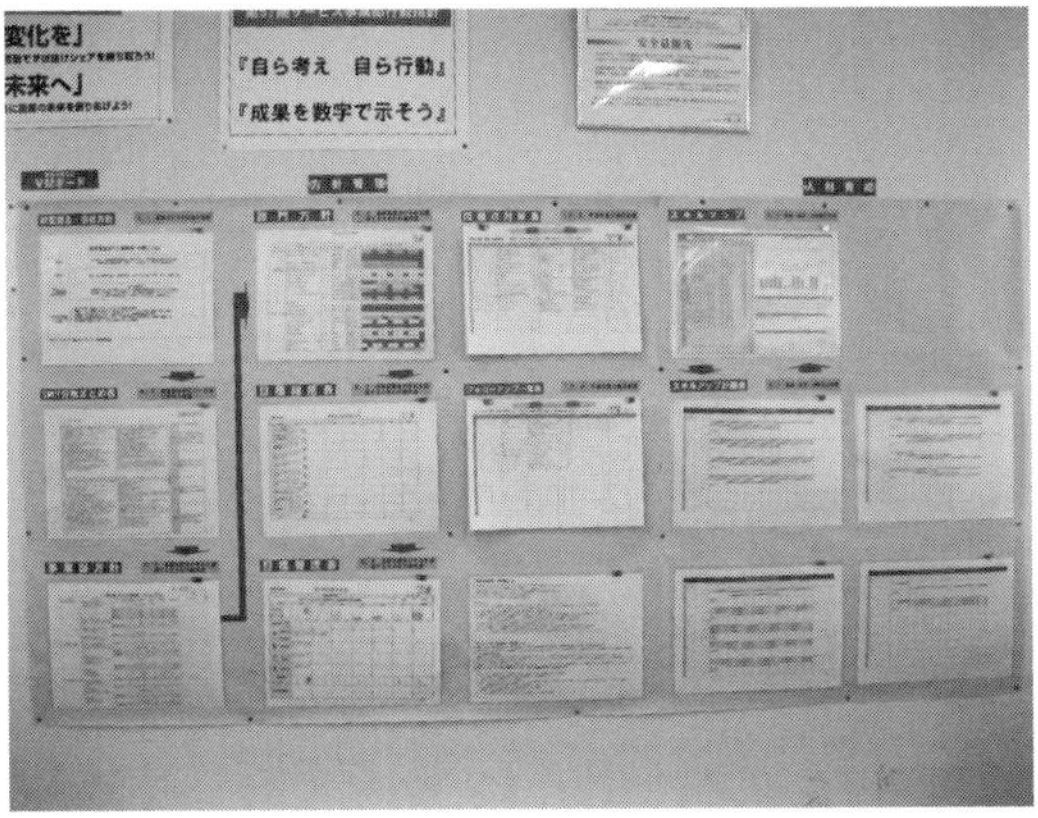

新潟クボタのVMボード。ISOの要求事項と連動させながら、理念・ビジョン・方針・計画がつながりを持って明確に示されている

目で見る管理を要約すると、①経営理念・ビジョンを明示することで個人の行動レベルまで落とし込み、②属人化状態を見える化することで職人集団からの脱皮と多能工化のための人材育成を行い、③マニュアルなどによる標準化で品質向上活動を実施し、④全員参加での5S管理を行うことである。

むろん、これらの活動は一朝一夕に達成できたわけではない。経営陣、管理職、社員が一体となり、たゆまぬ努力によって定着にこぎ着けた。トライアンドエラーを繰り返すことでクレーム低減・作業効率化・サービス品質向上などの成果を上げることができたのである。

目で見る管理は、愚直に実行することで一人ひとりの意識を高める、全員参加活動に資するシンプルな手法だ。非常にシンプルであるがゆえに、他社でも同じように実施されているものもある。ただ、新潟クボタの注目すべき点は、それをＩＳＯ要求事項に沿って再整備し、進化・改善を行い、「つながり」を持って体系的に運用していることである。

この活動こそが、新潟クボタの「実行力」の源泉であるといえよう。

3 人材育成――〈トムス〉
アナログを極めた「誰でもできる現場」づくり

無地の衣料品にオリジナルプリント加工を施す「プリンタブルウェア」業界をけん引するトムス（東京都渋谷区）は、最新鋭のオペレーションセンターを二〇一六年、岐阜県岐阜市柳津町に開設。これを機に、「５Ｓ」や「ＶＭ」を導入して生産管理全体の合理化を図っている。

プリンタブルウェアのリーディングカンパニー

思い思いのデザインを衣料品に印刷するプリンタブルウェアビジネス。トムスは、この分野における国内のパイオニア企業だ。創業は一九八一年。プリントTシャツといえば、米国からの輸入品かアパレル企業が手がける大量生産品が主流だった時代、企業のセールスプロモーション用という新たな切り口に着目し、需要を開拓してきた。

輸入した衣料品を委託工場でプリント加工し、納品するファブレス企業としてスタートを切った同社は、需要拡大を受けて一九九四年に物流・加工を担う岐阜オペレーションセンターを開設。二〇〇五年には、中国・浙江省紹興市に生地の織りから染色、縫製までを一貫して行う生産拠点を立ち上げ、質の高い衣料品の内製化に取り組んだ。現在、中国、ベトナム、バングラデシュに四つの生産拠点を持つことで生産量は飛躍的に拡大。海外生産した無地ウェアの販売は、プリンタブルウェアビジネスに並ぶ事業の柱へと成長している。

製造から加工、販売までをつなぐサプライチェーンの構築で事業基盤を強化した同社は、岐阜オペレーションセンターの拡大移転を決意。二〇一六年に国内拠点となる岐阜本社オペレーションセンター（岐阜ＯＰＣ）を開設した。約七〇〇〇坪のセンターには、最新鋭の設備をそろえるプリント工場をはじめ、保管倉庫や物流センター、コールセンターを集約。一日最大四万枚と国内トップクラスを誇る生産能力で、需要の拡大とサービスの向上を図っていく考えだ。

他社の追随を許さないトムスの強みはどこにあるのか？　岐阜ＯＰＣ工場長の田中俊弘氏は、「欲しいデザインを、欲しいときに、欲しいだけの枚数を提供する、きめ細かい対応力がポイントになる」と秘密を明かす。

同社の場合、注文はＴシャツ一枚から受け付けており、短納期でも必要な日までに顧客へ届ける。この仕組みを支えるのが、岐阜ＯＰＣおよび周辺倉庫に集められた国内最大級の在庫だ。海外の自社工場から輸入した衣料品を大量にストックすることで、多種多様なニーズにスピーディーに応えている。

また、加工体制が格段に進化したことも成長要因の一つ。最新設備の導入が寄与していることはいうまでもないが、パート社員を戦力化する「誰でもできる現場」の構築によって、安定供給と急な注文にもフレキシブルに対応できる体制が整った。

「アパレルの印刷業界は職人技の多い世界ですが、トムスではあえて『職人はいらない』と言ってきました。属人的な仕事から脱却し、入ったばかりのパート社員でもすぐに仕事ができる仕組みづくりに取り組んできました」と田中氏は説明する。同氏によれば、十数年前は「納期と印刷枚数だけは見える化され、社員がつくり終わるまで作業する」状況。当時は、加工することが社員の主な業務となっていた。

その状況を変える契機となったのが、二〇一〇年に取得したＩＳＯ９００１だ。認証を取得する過程であらゆる業務手順をルール化・見える化した結果、パート社員でもさまざまな加工を行えるようになった。一方、社員は企画・管理業務に軸足を置くことで効率意識が高まり、品質の安定や不良品の防止などの改善が進んでいった。

パート社員を戦力化する「誰でもできる現場」

ＩＳＯ９００１に基づく加工体制が軌道に乗ると、岐阜ＯＰＣへの移転を機に５ＳやＶＭを導入。設備増設、スタッフ増員にも対応するべく「誰でもできる現場」のブラッシュアップに着手する。岐阜ＯＰＣを実際に見学すると、至る所で５Ｓの成果が見えてくる。台車置き場を示す目印や欲しいインクがひと目で見つかる棚、作業台に置かれた手順書など。作業台付近に必要な道具がそろえられており、パート社員は仕様書に従って次々と加工を行っていく。

移転から一年半、現場の社員がアイデアを出しながら５Ｓを進めた結果、パート社員は仕事で迷うことが少なくなった。社員がすぐ近くにいた旧センターと違い、現在の広さでは加工の際に社員の目が届かないケースも出てくるが、そこを補う仕組みができあがっている。

印刷方法のバリエーションが拡大し、トムスの岐阜ＯＰＣには大ロット生産を行う自動印刷機八台、小ロット対応の手刷り製品台九三〇面、衣類に直接印刷可能な産業用プリンタ八台、その他ブルゾンやキャップ、バッグ用など、あらゆる加工に対応する設備がそろう。こうした設備を使いこなし、加工を行うのが約七〇名のパート社員だ。同社は誰でもできる現場を実現すると同時に、パート社員の多能工化を進めた。これによって急な注文にもフレキシブルに対応する現場ができあがっている。

パート社員にとっても、現場を見える化したメリットは大きい。

「パート社員は主婦が多いので、家庭第一で仕事をしてもらっています。子育て中の方もいますが、お子さんの急な病気のときなどは気兼ねせずに休んでもらう。多能工化を進めていますから、そうしたリスクは現場で解消できる体制が整っています」と田中氏は言う。働きやすい環境は離職率の低さにも表れている。パート社員の離職率は約八~九%と低く、続けて勤務する人が多い。

「面談や日常会話のなかで、パート社員から『ありがとう』と言われることがあります。うれしいですし、胸を張れるところです」（田中氏）

この関係がトムスの競争力を支えている。

こうした見える化の成果は、生産能力以外の部分にも表れている。「移転後、岐阜OPCでクレームは圧倒的に減りました」と田中氏は胸を張る。さらに、同社はクレームゼロを目指し、経営システムを進化させながら改善を図っている。

「アナログな手作業が多い現場ですから、作業ミスは起こるものだと考えています。むしろ大事なのは、確認ミスやクレームを徹底的になくす仕組みをつくること。クレームゼロの実現に、ISO9001と5Sをはじめとするルールや手順の見える化が役立っています」(田中氏)

さらに、田中氏が「最も大きな成果」と語るのは中堅社員の成長だ。「5SやVMはトップダウンで導入しましたが、運用段階に入ってからは現場の社員が率先して現場を引っ張ってくれている」と田中氏は言う。

現場をよりよくするには何が必要か、何のためによくするのか、自ら考え、行動する社員の存在が、岐阜OPCを日々進化させているのだ。

「見える化」で全員参加の経営基盤の確立を目指す

「アナログを極めることが私たちの仕事です」と田中氏は言う。一連の見える化への取り組みによって生まれた同社の「誰でもできる現場」はアナログを極めた工場の一つの形であり、いまや簡単にまねされない高い参入障壁をつくった。現在、同社はプリント工場だけでなく、センター全体で5SやVM活動を展開する。

（左）岐阜OPCでは見える化の徹底により、経験の浅い人でもスムーズに業務に取り組める
（下）工場内では5S活動を徹底。インクの置き場も決まっている

「部署間のムダをなくして合理的なシステムをつくるには、何らかのルールが必要。5SやVMはその基盤となります。今後は岐阜OPC全体で見える化を推進することで、拡張した工場の稼働率を上げて販売力・収益力を高めていきたい」と田中氏は抱負を語る。さらに、そこから一歩進めて「成果を数値で評価する目に見える管理の導入によって、全員参加の経営基盤の構築を目指していく」という。

飲食店のカジュアルユニフォームや学校の部活で使用するチームTシャツ、企業のセールスプロモーション、テーマパークやコンサート会場で販売するオリジナルグッズなど、いまやプリンタブルウェアの用途は大きく広がっている。ニーズの多様化が進み、さらなる需要拡大が見込まれるなか、同社にとって生産力の向上は待ったなしの課題だ。

現在、同社のプリンタブルウェア加工量の約八割を外部工場が担っているが、新規需要の取り込みによって数年後には岐阜ＯＰＣの内製率を五割まで引き上げることを目標に置く。「対応できる体制はできあがっています」と語る田中氏の目には、トムスの次の展開が見えている。

4

ブランディング――〈山田製作所〉
徹底した「３Ｓ」が最高のセールスマンに

徹底した「３Ｓ」の取り組みをひと目見ようと、世界各国から見学者が訪れる山田製作所（大阪府大東市）。経営危機を脱するために取り組んだ３Ｓ活動が社員を変え、会社も変えた。

経営危機に直面し3Sに活路を見出す

「整理・整頓・清掃」の3Sは子どものころからさまざまな機会に教えられる。ところが、テレビや雑誌を見れば、いつの時代も「整理術」や「断捨離《だんしゃり》」などの特集が目に付く。身近な課題だが、身に付きにくいのだ。3Sが身に付かないのはなぜか。それは「守ることを決め、決めたことを守る」という基本ができていないからである。

山田製作所は、一九九九年に3Sの取り組みをスタートさせ、国内だけでなく欧米・アジアなど世界中から年間一五〇社以上が見学に訪れる「3Sのお手本」と注目されている企業だ。

同社は3Sの目的として、①安全な職場をつくる、②快適な職場をつくる、③効率的な職場をつくる、の三項目を掲げたうえで、3Sの対象として「場所」「物」「情報」「心」を設定。つまり職場環境だけでなく、働く社員自身のあり方も追求している。

そして、活動のなかで見出される「問題＝あるべき姿と現実の差」をどう解決するかについて、全社一丸となって解決するために考える活動を続けている。「あるべき姿」とは、目標・基準・ルールであり、そこを明確化・見える化することが、よりよい職場づくりへの改善策を導き出すのである。

同社に足を踏み入れると、工場や事務所内はきれいに清掃され、ムダなものや雑然と置かれたものは何一つない。しかし、以前は材料の残りや仕掛品が散乱し、床は油やほこりで汚れ、社員はくわえタバコで作業をする状況だった。

一九五九年にプレス加工業として創業し、製缶板金業へと転換して着実に事業を拡大。乾燥機などの産業用機械やタンクなど、ステンレスをはじめとする製缶板金加工を得意として成長した。一九九〇年代には月商一五〇〇万円程度まで伸長し、「これで安泰だ」と思ったのもつかの間、一九九七年に経営が急速に悪化。一時はピーク時の九五％減まで売上げが落ち込む危機的状況に陥った。

「ほぼ言い値で取引していたものが価格競争にさらされるようになり、しかも一社との取引に偏っていたことが危機の要因でした」と代表取締役社長の山田雅之氏は振り返る。

「何か策はないか」と苦悩するなか、兄（現・代表取締役会長の山田茂氏）と参加したセミナーで3Sについて知る。「よい現場は最高のセールスマン」という言葉に、「これしかない。製品で差別化が難しいなら、会社に付加価値を付けよう」（山田社長）と考えたのだ。

まずは、徹底的に捨てた。残材や仕掛品が溢れる工場内のものを、徹底して捨てた。「残材や使わない機械など、四トントラック四台分を捨てました。『使えるものを捨てるとは』と創業者である父と大げんかになりました」と山田社長は話す。工具を床に置かないなどのルールを決めても、ベテラン社員は自分のやり方を貫こうとする。社内にはギスギスした雰囲気が生まれていた。

次に床を清掃し、長年の油と鉄くずを取り除いて緑色のペンキを塗った。きれいになった床に寝転ぶと、サビの付いた天井が目に入った。仕事をストップし、二週間かけて工場の丸洗いを決断。3Sが全社一丸の取り組みとなった瞬間だった。簡単には終わらず、一カ月かけてみんなで足場に上り、天井にペンキを塗り続けた。

そこから一気にさまざまなルールを決め、日々の改善活動に取り組んだのである。

一気に、そして徹底的に

3Sがうまく進まないと悩む経営者は多い。山田製作所は何が違ったのか。山田社長は「一気にやること」と指摘する。「段階を踏んで」「徐々に」と考えるのでなく、まずは整理・整頓・清掃を徹底する。同社は3Sのスローガンとして「まずやる・全員でやる・例外はつくらない・理屈は言わない・できない理由を言わない・率先垂範・

図表3-2　3Sの定義

整理とは　以下の四つに区別する

1.要るもの…………… 生品：直ち(4時間以内)に必要な物
2.急がないもの……… 休品：5日以内に必要な物
3.当分要らないもの… 長休品：6カ月以内に必要と思われる物
4.要らないもの……… 死品：6カ月以上使用しなかった物

整頓とは　いつでも誰でもが、要るものをすぐ（60秒）に取り出せるように並べ置くこと。そのために以下の5頓を徹底する

1.定位置……いつも同じ位置、押しても引いても動かない
2.定量………決めた最大数～決めた最小数
3.定方向……いつも同じ向き
4.表示………その物に表示する
5.標識………その場所に標識をつける

清掃とは

1.ゴミなし ……手でつかめる
2.チリなし ……指でつまめる
3.ホコリなし …フッと吹けば飛ぶ
4.汚れなし……拭けばとれる
5.ピカピカ

出所：山田製作所提供資料より作成

忙しくても止めない・仕事を止める勇気を持つ」を掲げる。退路を断つ、のである。

そして3Sの定義を明確化させる。「整理とは」「整頓とは」「清掃とは」何かを明確に定義し（図表3-2）、現場に落とし込むのだ。

工具や備品は共有し、すべて置き場所を定め、位置や量、方向なども明確に定めた。

消耗品も一つずつ発注点と発注数、発注先や単価を明確化させた。まとめ買いしたほうが安くても、急がないものは置かないことにした。また、作業の進捗状況や社員の業務内容はボードで管理し、納品日から逆算した着手日を厳密に決める。着手日管理によって、前倒しの材料発注や仕掛品がなくなった。

毎朝の清掃活動は、社内を二一ブロックに分けて、三班が各ブロックを重点的に行う。

一週間で必ず一巡する仕組みだ。

山田社長は「3Sの定義やあるべき姿は、トップダウンで一気に決めます。まずやらせること。そのうえで細かなルールはボトムアップで決めました。みんなで守ることを決め、決めたことを守ることが大切です。そして、すべてを見える化することがポイント」と話す。同社は、毎月の決算をすべて社員にオープンにしている。利益や役員報酬も周知する。そこから、どう改善するのかを考えるためだ。

活動を通じて企業文化をつくり出す

3Sは、それ自体が利益を生むことはない。新たな技術開発につながるわけでもない。しかし、徹底した3Sの取り組みは「最高のセールスマン」となり得る。同社は自ら、その事実を体現している。

「取り組む以前、製薬会社と取引の話がありましたが『この工場では無理だ』と断られ、苦い思いをしました。しかしいまではそういうことはありません。3Sの取り組みが評価され、大手企業との取引につながっています」(山田社長)

3Sはあくまでも手段であって、目的ではない。「守ることを決め、決めたことを守る」という原則を、企業文化として定着させることが重要なのである。

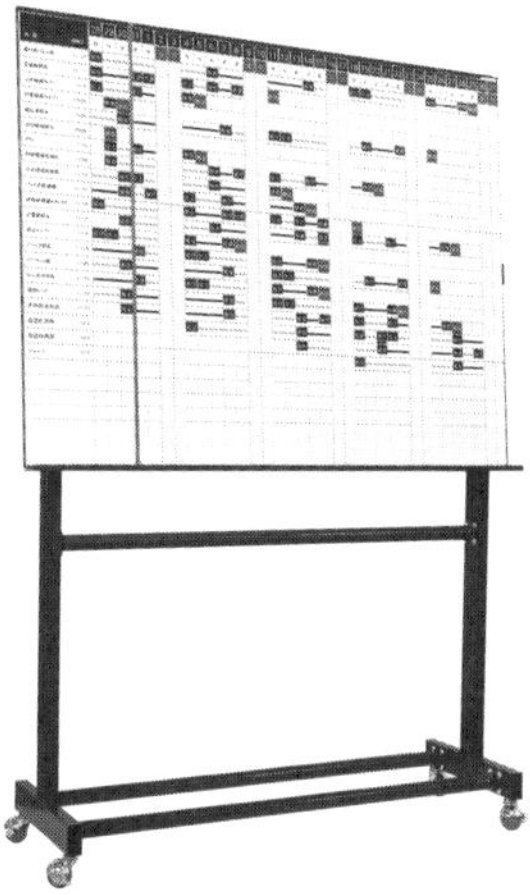

（左）作業の進行状況は自社開発した「ワイデクル管理ボード」で一目瞭然
（右）消耗品も一つずつ最少数や発注数などが明確化されている

活動の結果、きれいな工場になった。
それより重要なのは、活動を通じて全社員の価値観が統一され、何ごとも全社一丸で挑戦する風土が生まれたことだ。

また、近年は働き方改革が注目を集めるが、3Sの考え方で仕事を見える化し、生産性を向上させることで、そうした問題の解決にも直結するのである。

今後について山田社長は、「3Sのモデルとして有名になりましたが、当社はあくまで『モノづくり企業』。その基本に立ち返り、技術力の向上に力を入れたい」と強調する。3Sによって培った考える力・学ぶ力を、モノづくりにも生かしたい考えだ。

たとえば、山田製作所へ見学に訪れる

企業から、社内で活用している管理ボードを「売ってもらえないか」と言われることが多い。作業の進行状況や、「誰が何の仕事をしているか」がひと目でわかる管理ボードは、仕事のムダを省くには欠かせないアイテムである。

山田社長は「売れるわけがない」と考えていたが、あまりに要望が多いため、かねてより親交のあった今井広告研究所と手を組んで「Y-decl（ワイデクル）」というブランドを立ち上げた。山田製作所の「Y」、「devise（工夫）」「clean（清潔）」の頭文字を取ったネーミングだ。

主力の管理ボードは三カ月先まで管理でき、一日ごとに取り外してスライドできる。このアナログ管理が「見える化」に直結。幅二七〇センチメートルの大きなものから四一センチメートルの個人向けまで、多様なサイズがそろう。

管理ボードをヒントにした管理ノート「ワイデクルパルフェ帳」も作成。ボードは会社や職場全体、ノートは個人のやるべきことの見える化に役立つ。さらに、新商品として顧客に作業の進捗状況を伝える進捗管理システム「ちょくレポ」を開発。顧客へリアルタイムに作業の進捗状況を伝えることで、新たな付加価値を生み出している。作業状況を画像で伝えると、安心感とともにミスを防ぐ効果もある。

こうした3S商品で、山田社長は「まずは年間一〇〇〇万円規模へ育てたい」と話す。

5 業務標準化——〈富士精機〉
一点突破&横展開で「仕事を出したくなる」工場へ

「5S」と「見える化」の実践でムダな在庫、いらない工具、邪魔な備品が減り、工場が機能的に。生産性が上がっただけでなく、「営業ができる工場」へと進化を果たしたのが、石川県金沢市の部品加工メーカー・富士精機だ。

"2S"で見えた！ 在庫・仕掛品四カ月分

伝統工芸（金箔《きんぱく》、漆器、友禅、陶磁器）の産地で知られ、現在も全国屈指の工業都市である石川県金沢市。同地に本社を置く部品加工メーカー・富士精機の主力製品は、「ブッシュ」と呼ばれる円筒形の軸受けだ。また変速装置（トランスミッション）などの産業機械に不可欠な高硬度の精密部品を生産する。主要取引先は同県内の小松市を創業地とする建設機械大手のコマツだが、近年は他の産業機械・建設機械メーカーとの取引も増えつつある。

「ブッシュ、軸受けは動く機械なら必ず使われているものなので、新しい顧客へのアプローチにも力を入れています」と、同社の取締役工場長で営業の指揮も執る前川要氏は言う。売上高は一貫して右肩上がりを続けており、二〇一九年六月期には過去最高額（一二・五億円）となった。前川氏が工場長に就任した二〇一三年当時に比べ約一・五倍の伸びである。さらに三年前に立てた「月商一億円」の目標も達成した。

同社は、生産拠点を労務費が安い海外へ移し、価格競争で優位に立とうとする動きに同調しない。高付加価値で難しい、他社がやりたがらない分野にチャレンジすることで支持を得るのが基本方針だ。そのために欠かせないのが、5Sと見える化だった。

前川氏が工場長に就任した当時は、業績が伸び、従業員数も増えていた時期だった。いきおい工場内の秩序は乱れがちになる。設備は汚れが目立ち、配置は場当たり的で通路にまではみ出し、至る所にものが積まれ、タバコを吸いながら作業する者もいて、納期が遅れることもたびたびあった。

「これはマズイな」。そう思った前川氏は、「工場長の私が現場のことを聞かれて答えられないようではダメ。うまく回っているのか、どこに問題があるのか、まずは私が見えるように」と、5S・見える化に取り組んだ。

スタートは整理・整頓、すなわち「2S」からだった。いらないものを捨て、いるものを残し、置き場を決めていく。しかし、たったそれだけのことが意外とできない。特に「捨てる」が難しい。「もったいない」「たまに使う」「何かに使える」で、逆に増えていくことすらある。

たとえば、前川氏が現場から上がってくる消耗品の注文をチェックしていると、明細書に「スパナ」とあった。現場にはスパナが溢れていたはずだが……。工場の全員にスパナを出させると、一メートル四方のスペースに溢れるほどのスパナが出てきた。一事が万事、この調子だった。

そんな現場の状況を写真に撮り、整理・整頓の重要性と5Sに取り組む必要性を説く一方で、協力的な姿勢を見せた若手社員には「ここ（作業場所）をモデル部署にしないか？」と呼びかけた。「全面展開」ではなく〝一点突破〟から始め、横展開へつなげていく作戦だ。こうして整理・整頓が軌道に乗ってくると、おのずとムダなものを持たない、つくらないための「ものの流し方」に意識が向くようになった。

一般的に、一回一回つくるより、まとめてつくったほうが効率的だと考えられがちだが、「大量につくってためておいた仕掛品を、次の工程の人が探し出すというのは時間のムダだし、現金が形を変えてここ（現場）に残るわけです」（前川氏）。

同氏は社内の勉強会で、材料の手配やお金の流れなどを説明しつつ、仕掛品をつくらない流し方、合理的な設備の配置を進めていった。

こうして工場のあちこちにため込まれていた仕掛品の山が徐々に消え、かつて材料、仕掛品、完成品（在庫）と合わせて四カ月分あったものが、一・九カ月分に激減した。目標は一・五カ月分だという。

生産性、品質、営業、人材採用で顕著なメリット

仕掛品が減った分、「歩き、探し、迷い、選ぶ」ことでロスしていた時間も減った。かつ工具、棚、キャビネットなども含め工場内に溢れていたものが減り、設備と設備を近づけることが可能になると、一人で複数の設備を受け持つこと（多台持ち）もできる。工具や取扱説明書の収納を工夫し、多品種化に伴う段取り変更も速やかにできるようになった。

当然、生産性は上がる。５Ｓを始めてからの売上げの伸び率は一五〇％。それに対して現場の人員増は一一〇％——数字が正直に物語る。では、品質面はどうか。見える化ができていないころは、加工に失敗したら捨てていたため、不具合品がどれだけ出ているのかわからなかった。リスク管理も「一〇〇個必要なら、一一〇個つくっておけばいいだろう」といった具合だった。

そこで前川氏は、不具合品を置く場所を設け、翌日の朝礼時、当事者に失敗の理由と今後の対策を述べさせた。ただし、ペナルティは課さない。個人の問題としてではなく、システムに問題がなかったかを考え、今後に生かすことが大事だからだ。

次第に、品質に対する意識も高まってきた。「これまでは五個の注文に対して六個つくっていたが、いまはきっちり五個つくるようにしています」(前川氏)

これも5Sと見える化の効果だ。「5Sができていないのに品質がよくなるわけはないし、生産性が上がることはない」と前川氏は断言する。

営業面でもメリットが顕著に表れている。ミクロン単位の精度が要求される精密部品のため、富士精機では取引を始める前に、顧客に対し「とにかく一度見に来て」とお願いする。すると必ず「これだけきれいな工場なら、安心して注文が出せる」と評価してもらえるそうだ。「口で言うより(見てもらうほうが)早い」と前川氏。「富士精機のモノを使ってくれ」と指定するメーカーも出てきており、同社はブランド的にも認知されつつある。

さらに、人材採用面でも派生効果があったという。同社では採用応募者にまず工場を見学してもらい、「ここで働きたい」と感じた人から面接希望を募る。現場のきれいなイメージが多くの応募者の好感を呼び、「人手不足が深刻化しているなかでも、おかげで若い人や女性の採用が増え、現場の平均年齢が一気に下がりました」（前川氏）。女性従業員数は五年間で七名から一四名へ倍増し、現場の平均年齢も四五歳から三七歳へと若返った。

次々と成果を上げる富士精機の5S・見える化活動。だが、それは現在進行形にすぎない。「まだ進捗度は五〇％、ようやく基礎固めができた段階です。これからは単に〝きれい〟というだけでなく、機能的な5S――人間の動線を意識した理にかなったものの置き方などを考えていきたい」と前川氏は話す。

併せて、見える化もさらに徹底する。四脚の置き台を一本足に改造、三脚の送風機を工場の柱に取り付け、占有スペースを減らした。キャビネットの引き出しや扉をなくす取り組みはいままさに進行中。飲み物などを冷やす冷蔵庫も、ガラス扉の冷蔵ケースに変更した。

従業員のスキルや設備稼働状況の見える化については、当初は工場内の掲示板に貼った紙の管理表で行っていたが、現在はＩｏＴを導入し、紙の帳票管理からタブレット端末によるデータ管理へ移行させたという。

「5Sができていない工場でＩｏＴは使いこなせない。5Sができるいまのタイミングだから ＩｏＴを活用できると考えています。工場のモノの流れがひと目でわかるよ

うにしたい」（前川氏）

その言葉からスピード感が伝わってくる。

この先、同社は5S・見える化をどこへつなげるのか。「旋盤で削っていく前工程と熱処理後の研磨の後工程を一人で処理できるようにしたい。そうなればさらに仕掛品が減るし、不良品を出しても自分でフォローできる。仕事にやりがいも持てます。そこまで持っていきたいですね」と前川氏。将来的には、評価制度や給与体系の見える化まで視野に入れているそうだ。

「現場を仕切る人が理解する」「短期間」「一カ所」がキーワード

前川氏に、5Sの成功ポイントを「重要な順」に挙げてもらった。第一に、現場を仕切る人が5Sを理解していること。第二に、短期間で「職場が変わった」とみんなに感じさせること。第三に、「5Sをやりたい」と思うメンバーを何人も育てること、とよどみない答えが返ってきた。そして、「みんながついて来ないと嘆いても仕方がない。（自分）一人でもやる」「まずは一カ所だけでも変える。一週間で」と続けた。

同社は週に一回（金曜日午後四〜五時）、仕事を止めてでも5Sに取り組む時間を設けている。また、第一週目の金曜日に「生産改革塾」という勉強会を開き、改善アイ

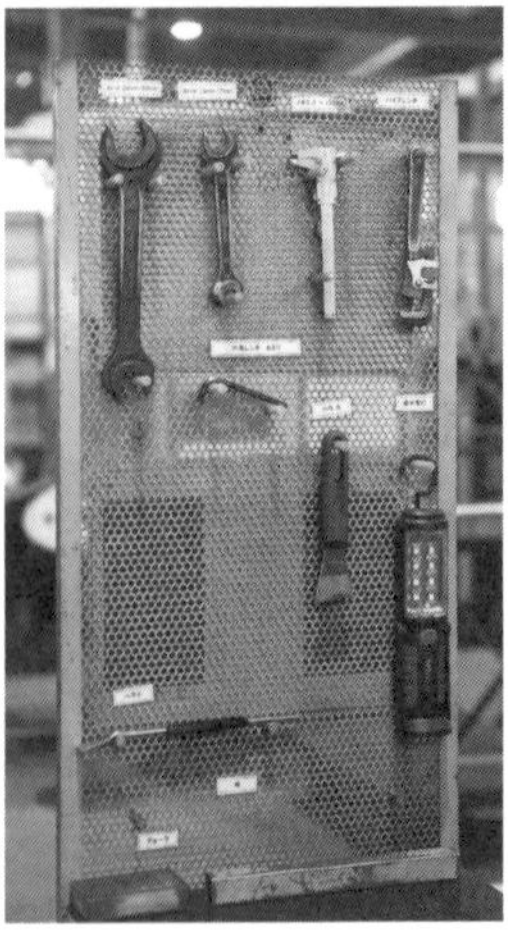

（上）5Sが徹底された工場内。通路をふさぐものは何一つない
（左）ボードに吊り下げられた工具類。以前は工具箱に雑然と収納されていた

デアや成功体験を共有している。そこでは経営ビジョンも語り合う。売上げや改善目標を語るだけでは不十分だからだ。

「『こうしよう』と言うだけではダメ。『将来こういう形にしたいから、いまこうしよう』と言うと、みんなは理解してついて来てくれる。顧客満足と従業員満足を目指そう、ブッシュのトップメーカーになろう、そしてみんなで

裕福になろう。そのためには、安い仕事を追いかけていてはダメ。だからいまやるべきことは……と」（前川氏）

6 コミュニケーション活性化——〈ヴァル研究所〉
「カンバン」浸透で作業時間と心理的負担を大幅軽減

国内初の乗換案内ソフト「駅すぱあと」を発売したことで知られるヴァル研究所（東京都杉並区）。同社は、業務が属人的にならないよう、ホワイトボードをフル活用して「見える化」。作業時間を大幅に軽減し、コミュニケーションの活性化にも成功した。その秘訣《ひけつ》はどこにあったのか？（注／掲載内容は二〇一九年七月現在）

林立するホワイトボードですべてのタスクを見える化

壁という壁を埋め尽くすホワイトボード。オフィススペースはもちろん、バックヤードにもホワイトボードの林が増殖している。市販のボードでは狭すぎるとばかり、白く大きなシートをじかに貼り付けて、巨大なホワイトボードと化した壁もある。また、スペースが足りなかったのか、プラスチック製の段ボールを使って自作したホワイトボードが立て掛けられている壁もあった。

そのうえにはタスクが書き込まれた大量の付箋がひしめき、ボードを前にスタッフが「こうかな」「こうじゃない」と言葉を交わしながら、付箋をさらに貼り足したり、別の場所に貼り直したりを繰り返している。

「作戦会議のようでしょう？　ホワイトボード前のスペースが、仕事上の『問題』という敵をやっつける基地になっているんです」。そう言って目を細めるのは、この〝ホワイトボード作戦〟を仕掛けたヴァル研究所ＳｏＲ Ｄｅｐｔ．部長（当時、現アジャイル・カイゼンアドバイザー）の新井剛氏だ。

同社は経路探索ソフト駅すぱあとで知られるソフトウェア開発企業。一九八八年に発売された駅すぱあとは、電車の経路探しを時刻表で確認するというそれまでの常識をがらりと変えた。いまやさまざまな経費精算システムやウェブサービスのなかに組み込まれており、電車を利用する人は、多かれ少なかれその恩恵にあずかる。そんなサービスを生み出すオフィスの風景は、意外なほどアナログだ。

ホワイトボードの多くは、縦に「ＴｏＤｏ（するべきこと）」「Ｄｏｉｎｇ（進行中）」「Ｄｏｎｅ（終了）」と三エリアに区切られ、横にその部署のスタッフ名が並ぶ。付箋に記されているのは、そのチームが抱えるタスクで、スタッフ全員で協議しながら、各メンバーに仕事を振り分けていく。いわゆる「カンバン」だ。

Ｄｏｉｎｇエリアは月曜日から金曜日までの曜日にさらに細分化されている。総務チームでは、毎週金曜日に全員でミーティングを行い、来週にやるべきタスクを洗い出している。それを付箋に書いていったんＴｏＤｏエリアに貼り、各スタッフが「これは私がやります」と手を挙げ、自分の行の目標とする曜日の欄に貼っていく。終わったタスクはＤｏｎｅエリアにどんどん移動させていくルールだ。

総務チームのカンバンはこれだけではない。採用活動というタイトルが付いた巨大ホワイトボードでは、半年にわたる縦軸があり、横軸には説明会、面接、資料送付といった業務が記され、それぞれ線でつながって、プロセスがわかるようになっている。長期にわたるプロジェクトを俯瞰《ふかん》するために、ホワイトボードも自然と大きくなったという。

エンジニアリングを受け持つある班は、タスクボードに独自の改良を加えていた。Ｄｏｉｎｇエリアに、ペンディング（保留）と、リクエストの項が加えられている。今週やらなければいけないタスクについて、前後の工程を担当する班の意向を確認したり、調整を依頼したりしなければいけないタスクもある。そうしたものは、いったん

Ｄｏｉｎｇエリアから外して、調整中であることを本人にもチーム全員にもひと目でわかるようにしているのだ。

別の部署には、残業削減を目標としてつくられたカンバンもあった。一時間残業をすると、スタッフの名前の下に「残業マーク」が一個ずつ増えていく。早く帰宅できれば、残業代がかからなかったので節約になったと「￥マーク」を書く。そして、週末にその合計を相殺して、残業マークの数が目標以下にとどまったら、ご褒美として班のメンバー全員（三名）でラーメンを食べに行くという約束を設けている。

早く帰った社員は、他の社員がどれくらい残業しているかがわかりにくい。残業マークがたまっているメンバーがいれば、同じチームのメンバーが残業に気付きやすくなるうえ、残業した理由を分析して今後の対策も立てやすくなる。タスクボードは働き方改革にもひと役買っているようだ。

「導入前と比べれば、どの部署でも作業時間は大幅に削減されていますし、手戻りの回数も減っています。結果的に、時間的にも精神的にも余裕が生まれて楽しく仕事ができるようになっています」と、代表取締役の菊池宗史氏は胸を張る。

ボトムアップで推進し、モチベーションを強化

ヴァル研究所がホワイトボードを導入したのは二〇一一年のこと。当時、駅すぱあとは登場から二三年が経過し、すでに成熟したシステムになっていた。その結果、社内のオペレーションはほぼ確立されており、「このタスクの担当はこの人」という業務の固定化が進んでいた。

一見、効率的なようだが、ボールが次の人の手に渡るまでは、いまその業務がどの程度進んでいるのか、あるいはそこでどんな問題が起こっているか周囲にはわからない。わからなければ声の掛けようもなく、スタッフが孤立。結果として、ボールを持った本人だけが、解決できない問題を抱えてモヤモヤし、残業時間が延びるという悪循環が発生していた。

「この会社には、真面目に仕事に取り組む人が多い。問題があっても、なんとか予定通り作業を進めようと無理をしてしまう。少しでも仕事を楽にできれば」と、新井氏はまず仕事の見える化に取り組んだ。

「重視したのは、トップダウンではなくボトムアップであること。上から言われたのでは仕事のやらされ感が強くストレスを増やしてしまいますが、自分たちから自発的

に動き出せば、モチベーションも高まりやすい。そこで、小さな成功体験を積んでもらって、徐々に大きな活動にしていこうという作戦を立てました」（新井氏）

活動はまず、三人組の一つの班からスタートした。毎朝一五分のミーティングで、昨日終わらせたこと、今日やるべきこと、抱えている問題、問題というほどではないがストレスに感じていることなどを発表。それをホワイトボードに書き留めて、タスクボード化した。数カ月後、そのチームでは活発なコミュニケーションが生まれ、業務も効率化した。新井氏はその様子を社内で共有。他部署でも、「そんなに効果があるならやってみようか」という流れを生み出した。

それから七年、いまでは毎朝一〇時になると、フロア中でホワイトボードを前に朝会が行われるようになっているという。

ホワイトボードと付箋にこだわったことも、成功の要因の一つだと新井氏は言う。

「見える化やプロジェクト管理を目的としたデジタルツールはウェブ上にたくさんあります。しかし、デジタルツールではフォーマットが決まっていて、そのルールに従わなければなりません。それではハードルを上げてしまいかねません」（新井氏）

総務部門、開発部門、時刻表などのデータ部門では、顧客も違えば、各々の業務のスパンや働き方も異なる。その見える化を同じツール上で行うのは、土台無理というものだ。

一方、ホワイトボードに罫《けい》線を引いた自前のタスクボードならば、自分たちの好きなようにつくれる。ちょっとToDo部分を増やしたいと思えば、そのレーンを広くするというカスタマイズも容易だ。また、悩みや課題があった場合には、ホワイトボード上で落書きをするように図を描きながら、情報共有や解決策を議論できる。

「残業マークを導入した班のように、自分たちなりに工夫することで一体感やモチベーションを高めていくこともできる。他の部署から見たら、『何だこれ』と思われるような工夫でも、自分たちだけが知っている暗号のようで、仕事に楽しさをもたらしているんです」(新井氏)

それにも増して重要と考えたのは、コミュニケーションの「場」をつくることだったと振り返る。デジタルツールではそれぞれの目線は各々のパソコン画面に向き、顔を見合わせなくてもコミュニケーションができてしまう。一方、ホワイトボードを使うことで実際に場ができ、自然とコミュニケーションが発生する。

「仕事の効率は、結局のところ、どれだけコミュニケーションが円滑に取れるか、にかかっています。ホワイトボードの数だけコミュニケーションの輪が広がっているということなんです」(菊池氏)

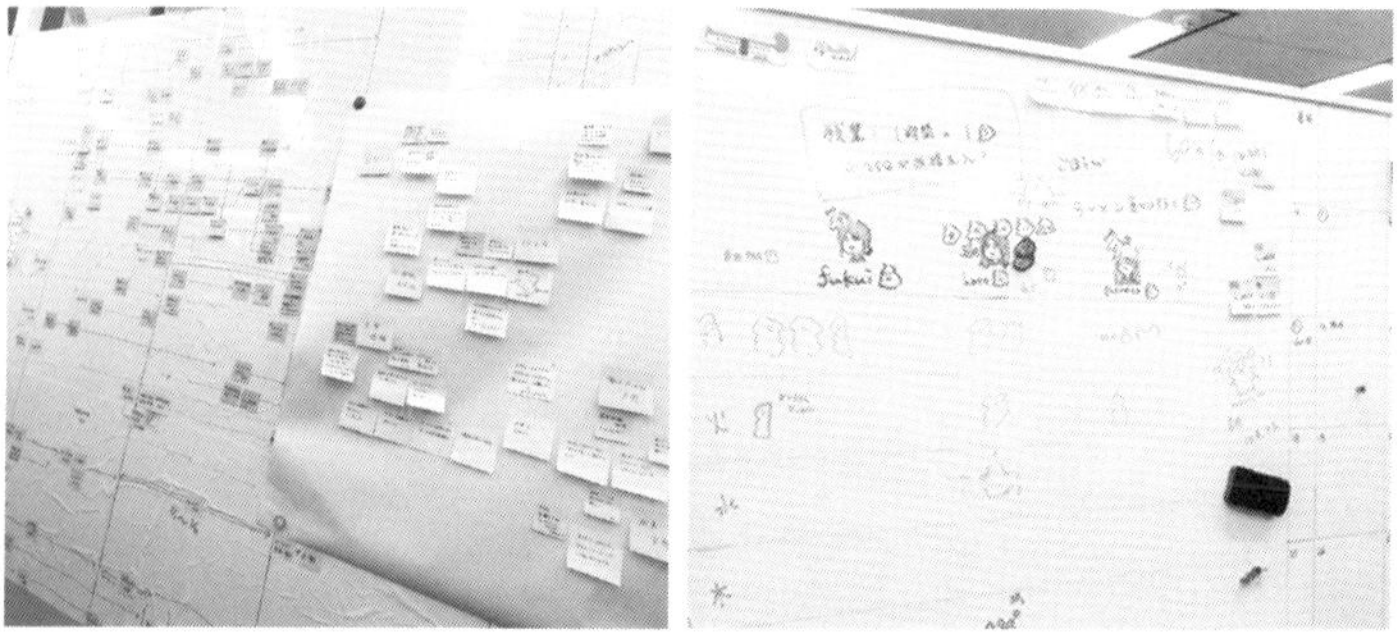

（左）タスクや気付きを書いた付箋が大量に貼られているホワイトボード
（右）3名の班で導入された、残業時間削減を目標にしたカンバン

変革の成功を陰で支えた〝お母さん役〟社員

カンバンの発想自体は決して新しいものではない。すでに導入していたり、導入を検討したりしている企業も少なくないだろう。だが、ここまで隅々に浸透している例は珍しいのではないだろうか。実際に導入してはみたものの、朝会が義務化することを嫌ったり、暗黙知となっている各個人の業務をうまくタスクとして書き出せたりしないことから、自然消滅してしまう例は少なくない。

同社が成功した背景に、エバンジェリストである新井氏の尽力があったことは疑いようがない。情報発信や戦略を整えていくことで、苗を植えようとするチームを増やしていった。

それに加えて、「チェンジエージェント」の存在が大きかった、と新井氏は言う。

「チェンジエージェントとは、現状を変えたい、改善したいと強く思って、組織改革などのスキルを駆使して変化を起こしていく仕掛け人のことです。大規模な変革を起こそうとすれば、経営学の知識が求められるかもしれませんが、今回の場合、必要だったのは、相手を思いやる心や、それを聞き出すスキル。いってみれば子どものモヤモヤを吐き出させたり、率先して気を利かせたりしてくれるお母さんのようなスキルです。うちの会社には面倒見がよくて細部を見逃さないこまやかさを持った人が大勢いた。そんな人がチェンジエージェントとなって各班の活動を根づかせてくれたのです」

同社はカイゼンに特別な仕掛けを用いていない。リーダーが諦めずひたむきに取り組み続ける姿勢から、社員の自発性が生まれ、全社へ活動が広がっていった。大きな変革をもたらすためには、遠回りのようでも、目の前のことから一つひとつ積み重ねていくしかないのだろう。

7

社風改善

現場の声を形にする仕組みづくりで改善文化が定着

〈サワダ精密〉

オフィスや工場に足を一歩踏み入れると、たとえ仕事中であっても「こんにちは！」と気持ちのよい大きなあいさつが社員「全員」から聞こえてくる。「実際に取引する企業だけではなく、すべての人をお客さまだと思いなさい」――そんな〝社内で見かけた人はすべてお客さま〟という社長の思いが一人ひとりの社員にまで浸透し、実行されている。それが、サワダ精密（兵庫県姫路市）である。

「カイゼン」と「見える化」で実現する自律型組織風土

モノづくり企業が集積する播磨臨海工業地帯に工場を構えるサワダ精密は、一九八四年に澤田脩一氏（現会長）が金属加工業として創業。当時は機械一台、年中無休で仕事を回していたが、三菱グループとの取引を機に大きく成長を遂げた。一九九五年に現在地（姫路市広畑区）へ工場を新築・移転。現在は自動車生産設備の設計や加工をメインとし、完全受注生産型（オーダーメード）でライン設備の部品や設計、組み立てまで一貫して行っている。二〇一三年に、創業者の長男である澤田洋明氏が代表取締役社長に就任した。

同社の経営理念には、顧客の立場に立って技術・サービスを提供することや、モノづくりの仕事を通じて人間的に成長し、自社も顧客も幸せになりたいとの思いがつづられている。いずれも「サワダブランド」としてすべての面から企業品質を向上させ、顧客から喜んで求められ、社会からもあてにされるような、誇りが持てる会社を目指していくという意志が込められている。

その理念に基づいた企業活動の一つの成果として、同社は「ひょうご経営革新賞」（二〇〇三年）や「関西ＩＴ活用企業百撰 優秀賞」（二〇〇六年）、「第37回優秀経営者顕彰 日刊工業新聞社賞」（二〇二〇年）など数多くの賞を受賞している。また、「二〇一八年版 中小企業白書」に成功事例として掲載されたほか、「仕事と生活の調和推進企業」に認定（二〇一九年、ひょうご仕事と生活センター）されるなど、各方面から注目を浴びている。

順調に成長を遂げてきたかのように思える同社も、苦労の時期があった。現社長の洋明氏が取締役に就いた二〇〇九年ごろ、社員の離職が続いていた。五〇名（当時）

いた社員のうち、一五名が二年間で退職してしまったのだ。

退職する社員に理由を聞いてみると、社風がイヤなわけでなく、仕事内容が嫌いになったわけでもない。ただ、休日が少ないことと、残業が多いことによって、疲労と不満が蓄積して退職に至ったとのことだった。受注量が増加して仕事は増えていたが、人員の補充がそれに追い付いていなかったことが背景にあった。

澤田社長は、社風を変えていくことを決意した。地域社会や家庭で求められ、活躍できる人間に成長してもらうため、社員自身が意思決定する機会を増やす取り組みを始めた。それがカイゼン活動と見える化活動であった。

ボトムアップで進めるカイゼン活動

残業削減と休日増加を目指すため、社員一人ひとりの声を吸い上げ、業務改善につなげていく取り組みを本格的にスタートさせた。〝本格的〟とは、実は同社には二〇年以上前から「カイゼン委員会」が社内に存在していたのだが、あまり機能していなかったからである。

なぜ、機能しなかったのか。それまでは経営陣主導の下、カイゼン委員会が改善策を上程するという仕組みであり、なかなか良案が出てこなかった。そこで意思決定のレイヤー（階層）を下げ、カイゼン委員会へ社員一人ひとりが改善案を提出し、実行に移す仕組みへ変えた。

さらに、効果の大小にかかわらず、改善事例をカイゼンボードに貼り出し、社員全員に周知する仕組みに変えることで、一人ひとりが「ジブンゴト」として改善に取り組む風土を醸成していった。現在、少なくとも月二〇件がカイゼンボードに貼り出され、年間二五〇〜三〇〇件にのぼるカイゼン活動が行われる企業へと変貌を遂げた。

その結果、月八〇時間あった残業時間は二〇時間（平均）まで減り、年間休日数が九六日から一一〇日に増え、社員数も八〇名に達するなど、人材の定着にも成功している。現在はカイゼンボードのデジタル化を進めており、どこでも目で確認できるスタイルに移行している。

同社は、5Sと見える化活動を積極的に推進している。同社の5Sは感性を磨く活動であり、細かな部分にまでそれが行き届いている。金属加工の工場にもかかわらず、汚れが目立つようにあえて床の色を白くしているのは、清掃・清潔・躾に対する挑戦の表れでもある。

見える化活動もユニークだ。カイゼンボードはもちろん、年に一度発表される「経営指針書」による全社員のベクトル合わせ、〝サワダ精密用語〟の定義化によるコミュニケーションの向上、さらにはすべての生産設備に社内公募した愛称（「ラムちゃん」「不二子」「ジンベエ」など）を付け、機械への愛着を醸成するといったユニークな取り組みを行っている。

また、「誰にもできる平凡なことを、誰にもできないくらい一貫してやり抜く」という意識を醸成するため、「5分前集合」「笑顔で元気な挨拶」「帰りの掃除徹底」など自分が日々励行するモットーを書いた「凡事バッジ」を、社長も含め全社員が胸に着けて仕事をしている。月間・年間MVPなどの表彰制度で社員の頑張りを見える化するほか、目的に応じた教育資料（「鬼と金棒」「虎の巻」「ザ・ものづくり」「プロへの道」）を自社で作成し、品質基準を定めている。

同社はこれらの施策に取り組むことで、自律型の組織風土を醸成している。工場の名前にも意味が込められており、たとえばメイン工場である「101工場」の〝101〟は、社員数が一〇〇名を超えたいという意味が込められている。そんな遊び心のある見える化活動を通じ、社員を巻き込みながら基準を定め、共通言語化していくことで、社内のチームワークが向上し新人でもわかる工場となっている。

前述した二つの仕組みに加えて、同社では「キズナシステム」という独自の生産管理システムを導入している。

同システムは、会社のすべての情報を集約しており、社員が経営数値を意識しながら仕事に従事する風土を醸成している。情報とは、取引のあった案件、売上げ、原価、機械の稼働率、工程設計、納期管理など、会社の情報のすべてだ。そして、各チーム（一二チーム）がそれぞれで経営数値を常に確認する仕組みにしている。

その結果、納期や工程など最適化された状態で行うことができ、顧客満足につながっている。また、カイゼン活動との親和性も高く、どれだけのコスト削減に影響を及ぼすことができたか、機械の稼働率向上にどの程度寄与することができたかなど、経営数値からカイゼン効果を実感することが可能になっている。

目指すは売上高九〇億円、社員五〇〇名

サワダ精密は売上高九〇億円、社員五〇〇名という長期ビジョンを掲げている（現在は売上高一三億円、社員八〇名）。このビジョン実現に向けた同社の取り組みを三つ紹介しよう。

①設計力の強化

同社は数年前に「設計部」を立ち上げた。モノづくりの源流である設計を押さえる

ことにより、上流から下流まで一貫して仕事を行うことで、下請け構造からの脱却を図っている。組織の編成上でも設計部を独立させ、機能強化を意識している。

澤田社長は、「設計は加工を知っていたほうが強い。加工も設計を知っていたほうが強い」と考え、何かの機能に特化した会社ではなく、あえて二つの機能を持つことで、いま以上に顧客の役に立つことを目指している。その取り組みを始めてから数年が経過した現在、澤田社長は数値面でも手応えを感じており、今後はさらに拡大を図っていく予定だ。

②海外事業の強化

同社は二〇一八年、ベトナムの首都ハノイ（ハナム省ドンバンⅢ工業団地）に「サワダ精密ベトナム有限会社」を設立した。日本から代表者を派遣し、サワダブランドの品質を維持・向上させるべく生産に取り組んでいる。人材は現地の採用者に加え、日本の工場で毎年受け入れているベトナム人の実習生たちだ。

二〇一三年ごろからベトナム人実習生を受け入れており、姫路の工場で実務経験を積ませている。サワダブランドの品質を理解したうえで働いており、現地法人の代表者も心強さを感じているようだ。

③生産技術の確立

「わが社は先端企業ではない」と語る澤田社長だが、現在、従来にはなかった取り組みとして、ロボットの活用を進めている。既存の機械設備でプログラミングを設計し、無人で機械に働いてもらう仕組みをすでに構築している（たとえば、社員旅行中にも機械が稼働している）。今後はエンジニアリング事業部を筆頭に、ロボットを絡めた生産体制を確立していく考えだ。

社員と顧客の幸せを追求

同社からの学びのポイントを整理すると、次の三点が挙げられる。

①バックボーンシステムの確立

同社は経営のバックボーンシステムにのっとって経営を実行している。経営理念、約一八年後を見据えた長期ビジョン、そして単年度の経営指針書と、企業の方向性をしっかりと示して、価値判断基準を明らかにしている。価値判断基準が明確になっているからこそ、社内の各チームが会社の方向性を理解し、そのうえで追い掛ける数値を設定して、「キズナシステム」を活用しながらPDCAサイクルを回している。

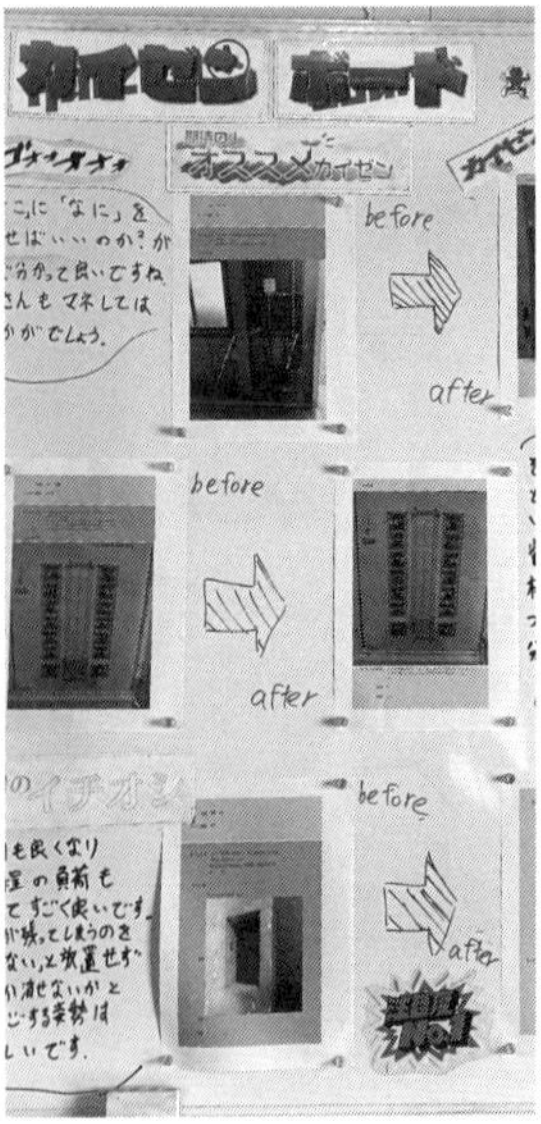

（左）サワダ精密が運用する「カイゼンボード」。従業員が加工作業や作業環境などについて、改善点や気付きをカードへ記入し、ボードに掲出する仕組みを確立した
（右）社内作成の教育資料。「鬼と金棒」とは、弱い鬼が大きな金棒を、強い鬼が小さな金棒を持っても無意味で、強い鬼が大きな金棒を持ってこそ強くなるたとえ。人間力と技術を共に伸ばす思いが込められている

また、従来は経営陣が主導していた領域について、徐々に権限を現場に委譲し、現場が解決していく仕組みに変えることで、トップダウン（上意下達）とボトムアップ（下意上達）のバランスがとれ、結果として自律的に社員が動く仕組みとなっている。

②現場で推進する見える化活動

自律的に社員が動く風土を醸成するにあたっては、現場へ権限を委譲しながらも、品質を維持・向上させていく必要がある。そこで見える化活動が重要となってくる。

５Ｓ活動による社員一人ひとりの感性の向上と各基準の設定、サワダ

精密用語の定義化、各生産設備への命名、社内作成教材などの品質基準によって「新入社員でもわかる」職場を設計している。社員が遊び心を持ち、楽しみながら行える活動は、誰にいわれるまでもなく自らやりたくなってくる。こうした工夫が社員の自律を促しているのである。

③生産性向上へのあくなき追求

壮大なビジョンを打ち立てて事業を推進する同社は、これまで述べてきたように数多くの取り組みを行っている。それらに共通しているのは、生産設備の自動化・ロボットの導入・カイゼン活動など、人がより注力すべき仕事へと資源を集中させることで、常に成長余力を生み出すことに成功している点である。

たとえば、「設計力の強化」も機械設備の自動化による余力創出によって可能となっている。今後の設計力強化にあたっては、仕事を取る「営業力の強化」も必要になる。これを見越して、ロボットによる生産体制の未来も描く同社の取り組みは理にかなっているといえる。

同社は、社員の幸せと顧客の幸せの双方を追求する、まさに理念に沿った活動を展開しているのである。

第4章
見える化の可能性

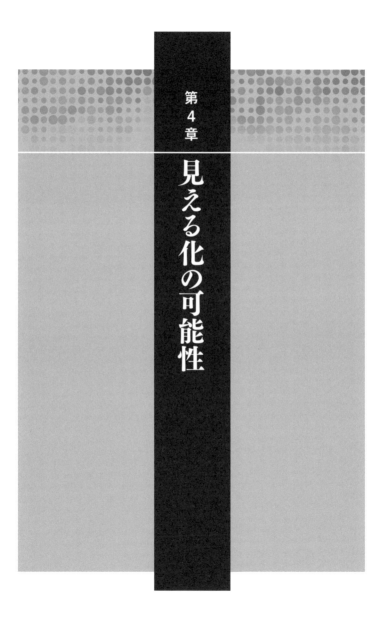

これまで「見える化」の効用や運用事例を中心に述べてきた。見える化の目的は、業務の効率化、管理の適正化、運用の最適化にある。当然ながら、「何にどれだけの時間と人手と費用をかけているか」が誰の目にも見えていない、また見えているのに誰も気付いていない状況では、業務執行・管理水準・運用実態の不具合が改善されることはない。それに気付かせるための具体的な取り組みが5Sなのである。

5Sはリアルな生産現場を対象としたハード面での取り組みだが、見える化の手法にはデジタル技術の実装によるソフト面での取り組みもある。また、バックオフィス（間接業務部門）においては、フリーアドレス制（社員が個々に机を持たない職場スタイル）の導入やリラックススペースの開設、テレワークの活用など、働きやすい職場環境づくりによる「社員の活躍の見える化」を進める企業も増えている。さらに、国連が定めたSDGs（持続可能な開発目標）に対し、自社の事業を通じて達成に寄与することで、「理念・ビジョンの見える化（具体化）」を図る動きもある。

このように、見える化はますます多様化しており、底知れないポテンシャルを秘めている。本章では、そのような見える化の可能性について述べていく。

1——デジタル技術の実装による業務改善

デジタルトランスフォーメーションの波

「デジタルトランスフォーメーション（DX）」が企業活動を大きく変えようとしている。DXは、二〇〇四年にスウェーデン・ウメオ大学のエリック・ストルターマン教授によって初めて提唱され、「進化し続けるITテクノロジーが人々の生活を豊かにする」という概念から生まれた。この考え方を根底に置き、経済産業省は企業の文脈で捉えて次のように定義している。

「企業がビジネス環境の激しい変化に対応し、データとデジタル技術を活用して、顧客や社会のニーズを基に、製品やサービス、ビジネスモデルを変革するとともに、業務そのものや組織、プロセス、企業文化・風土を変革し、競争上の優位性を確立すること」

つまり、環境変化が大きく不確実性の高い現代社会において、サステナブルな企業経営を実現していくためには、「データ」と「デジタル技術」を基盤として、企業経営を行うことが必須条件となる。

近年、世界でデータが爆発的に増えている。ある調査によれば、過去二年間に作成・保存されたデータ量は、古代から人類文明が作成・保存してきたデータ量を上回ったといわれている。シスコシステムズの調べによると、一カ月当たりの世界IPトラフィック（ネットワーク上のデータ流通量）は、二〇一四年時点の六〇エクサバイト（EB）から二〇一九年には二〇一EBと五年間で三倍超に増加。二〇二二年までに三九六EBに達すると見られている（図表4-1）。

従来、データといえば、インターネット上のウェブデータを指していた。しかし、今後は現実の世界のリアルデータが、世の中に溢れるようになる。現実世界には、データになっていないアナログな活動が多く存在しており、その活動から、豊富なデータを収集し、活用しようという取り組みが進んでいる。

デジタル技術の向上によって、世界中のあらゆるものがインターネットに接続され、データに置き換えられるようになった。さらに、IoT技術が進化したことにより、現実世界のあらゆる情報を収集できる仕組みが整ってきた。IoTによって、現在、

図表4-1　世界のトラフィックの推移および予測（エクサバイト/月間）

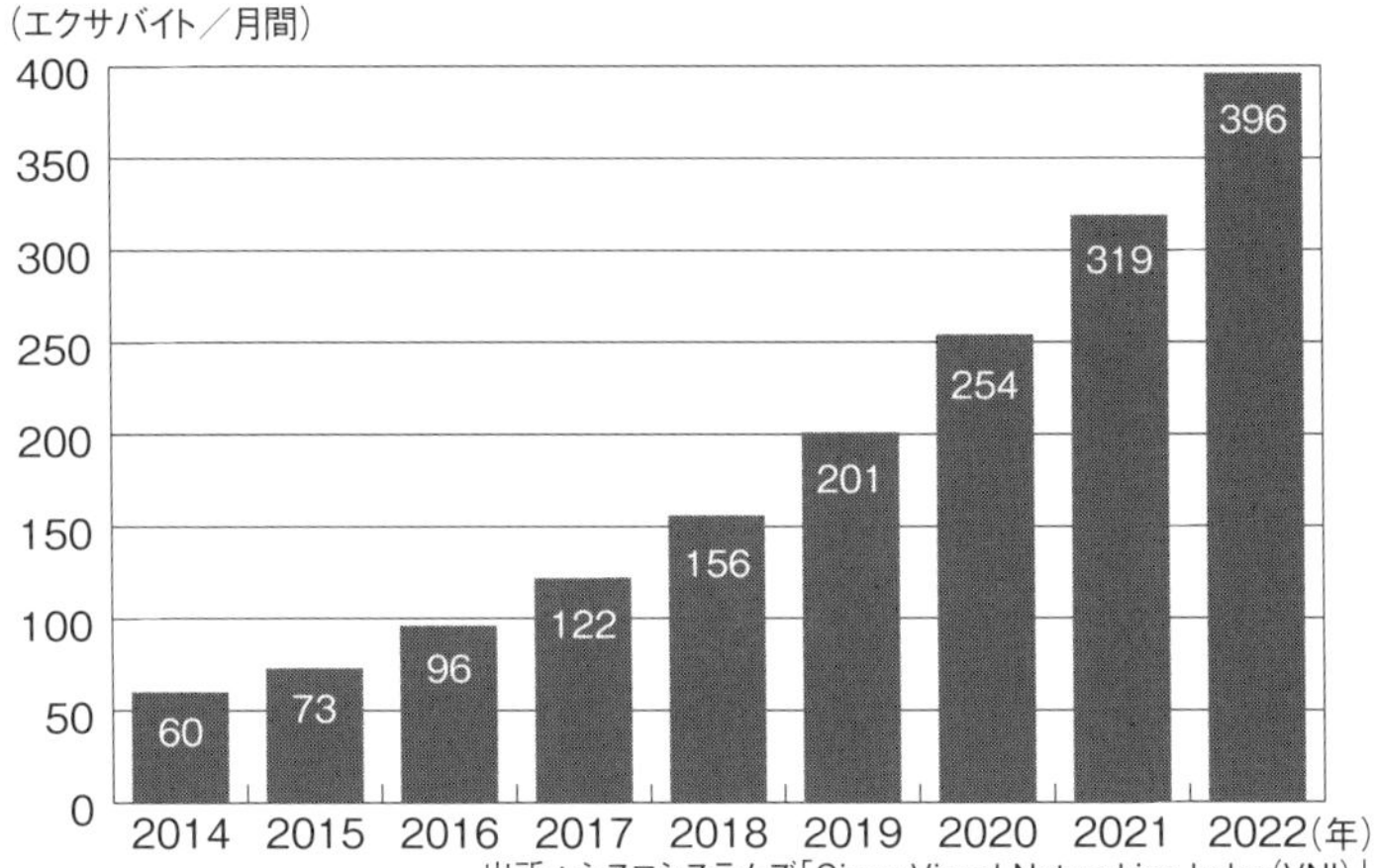

出所：シスコシステムズ「Cisco Visual Networking Index（VNI）」

図表4-2　世界のIoTデバイス数の推移・予測

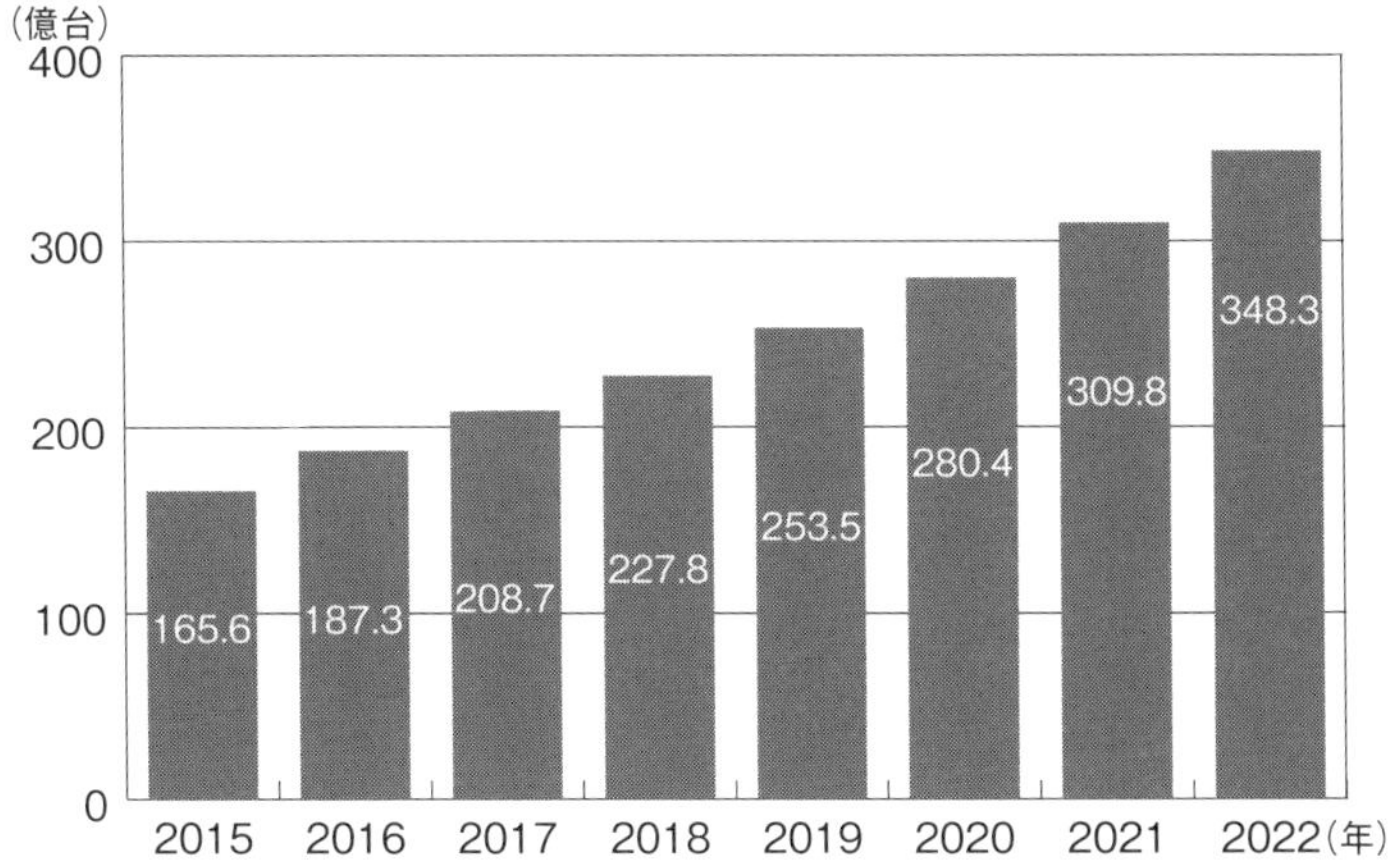

出所：総務省「情報通信白書（令和2年版）」

接続されているデバイス数は二五三・五億台（二〇一九年）である。それが二〇二二年には三四八億台まで伸びるといわれている（図表4‐2）。

いまやデータは世の中に溢れており、しかも非常に価値があるものと認識されている（データは〝二一世紀の石油〟とまで形容されている）。そうしたデータ爆発を背景に、OECD（経済協力開発機構）は二〇一五年、「データ駆動型（ドリブン）イノベーション（DDI）」を提唱した。ビッグデータを活用することによって、企業の競争力が強化され、イノベーションが促進し、サステナブルな成長が実現する。まさにデータを活用したデータトランスフォーメーションが企業に求められているのである。

データ活用による意思決定プロセス

データは〝二一世紀の石油〟といわれるが、石油とデータには共通点がある。それは、精製・加工しなければ役に立たないことだ。データもそれ自体に価値はない。いってみれば、数値や文字の羅列にすぎない。それを収集し、分析し、活用できる形に編集するプロセスが欠かせない。

よくあるケースは、データを集めることが目的になってしまうことだ。せっかくのデータも、集めて整理するだけで終わるとまったく意味をなさない。データに価値が

図表4-3 インテリジェンス・サイクル

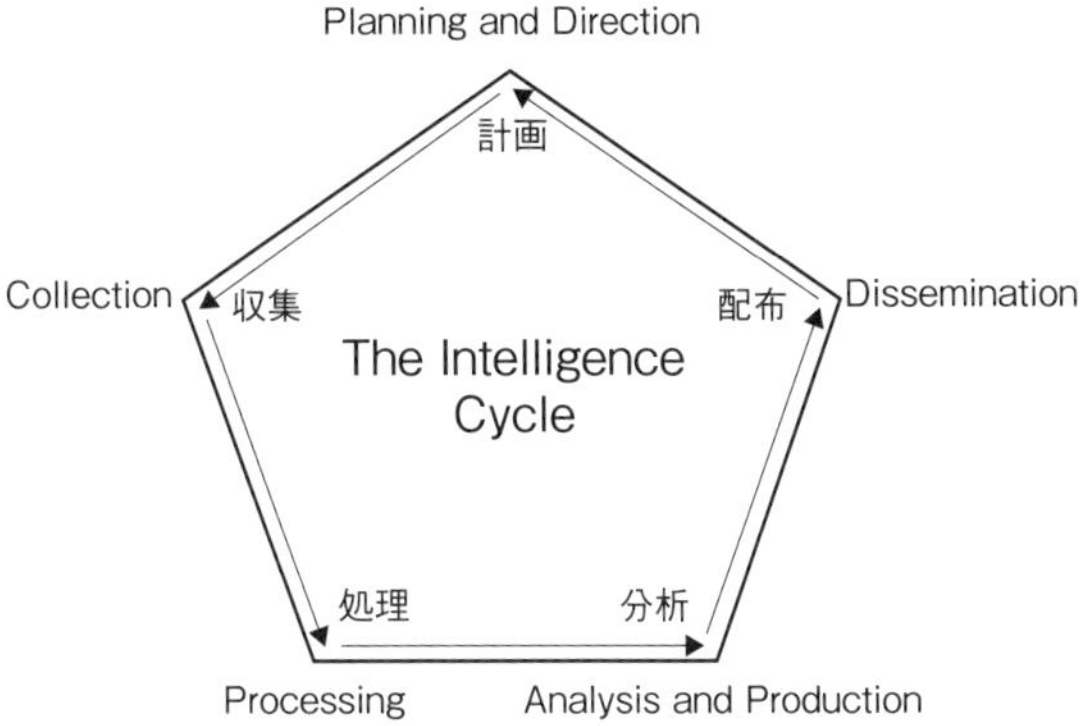

出所：CIAホームページよりタナベ経営作成

生まれるのは、大きく二つのフェーズがある。データが知識に変換され、気付きや洞察を得られたときと、その知識に基づいて意思決定が行われたときだ。データは世の中に溢れている。社内にも眠っているデータ、取得できるデータがあるだろう。経験と勘にデータをプラスすることで、より質の高い意思決定を行っていくことが可能になる。

たとえば、世界最大の情報機関である米国のCIA（中央情報局）は、ただの情報（インフォメーション）から有用な情報（インテリジェンス）を生み出すプロセスとして、計画↓収集↓処理↓分析↓配布という五段階のステップからなる「インテリジェンス・サイクル」を回し、プロジェクトを遂行している（図表4-3）。データを手当たり次第に集めるのではなく、まず、意思決定に必要な情報は何かを考え、どのように収集するかを計画する。次に、新聞・テレビ・公文書などのオープンソースや、衛星写真などシークレット（秘密）なソースから情報を集める。そして集めたデータを整理・記録した後、分析・評価を行う。そしてその分析結果を意思決定者に配布する。

データはそろっているが、その分析結果に意味を見出せない場合、意思決定者（経営陣）と分析者の間で考え方の相違があることが多い。経営陣（会社、部門、職場）にとって必要なデータは何か、どのようなデータがあると活用されるのか。そうした共通認識がないと、得意げに複雑なアルゴリズム（問題を解決するための方法・手順）を用いたり、高度な統計手法を使ったりなどして、データ分析者が自己満足に陥る可能性が高い。

まずは経営陣が要求するデータ、部門や職場が必要なデータは何かを再確認することが大切だ。

2――定型業務の自動化

少子化による生産年齢人口（一五～六四歳）の減少と「団塊の世代」の大量退職に伴

って、多くの企業が人手不足に陥っている。そのうえ二〇一九年四月より「働き方改革関連法」が順次施行し、年五日間の有給休暇取得の義務化や残業時間の罰則付き上限規制がスタートした。企業においては慢性的な人手不足のなかで、社員の労働時間を減らしつつ、さらに業績を上げなければならない。そのため、本腰を入れて業務効率化や生産性向上などに取り組むことが急務となっている。ここで見せかけの改革に終わらせてしまうと、将来的な企業成長の源泉を失う可能性がある。

企業各社は、女性の積極的な採用や職域の拡大、定年退職者の再雇用、業務・ビジネスプロセスの外注化（アウトソーシング）などで現場の人手不足をしのぐ一方、社内業務においてはデジタル技術の導入を進め、少ない人員でも業務が回せる省力化・省人化を図っている。

低付加価値の業務に振り向けていた人材を、高付加価値の業務に置き換える。そして労働の質を改善し、生産性を向上させていくことが鍵となっている。そうした業務改革を行っていくうえで欠かせないものが、デジタルツールの活用である。ここではRPA、クラウド、チャットボットについて記載する。

RPA

①RPAとは何か

日本RPA協会によれば、RPA（ロボティック・プロセス・オートメーション）とは「これまで人間のみが対応可能と想定されていた作業、もしくはより高度な作業を人間に代わって実施できるルールエンジンやAI、機械学習などを含む認知技術を活用した業務を代行・代替する取り組み」と説明されている。簡単にいえば、ホワイトカラーのデスクワーク（主に定型作業）を代行・自動化してくれる、パソコンのなかにあるソフトウェア型のロボットを指す（仮想知的労働者・デジタルレイバーとも呼ばれる）。

現在、日本ではホワイトカラーの生産性向上のためのツールとして取り入れられ、定型業務をRPAに任せることにより、人間にしかできない、付加価値が高い、創造性のある業務に時間を割けるようになることが期待されている。

実際、RPAの市場規模は年々拡大している。矢野経済研究所の調べによると、市場規模（事業者売上高ベース）は二〇一七年度の一七八億円から二〇二二年度には八〇二・七億円と、五年間で約四・五倍に拡大する見通しである（図表4-4）。

また、市場調査会社のMM総研の調査（「RPA国内利用動向調査」二〇二〇年一月）

図表4-4 国内RPA市場規模推移・予測

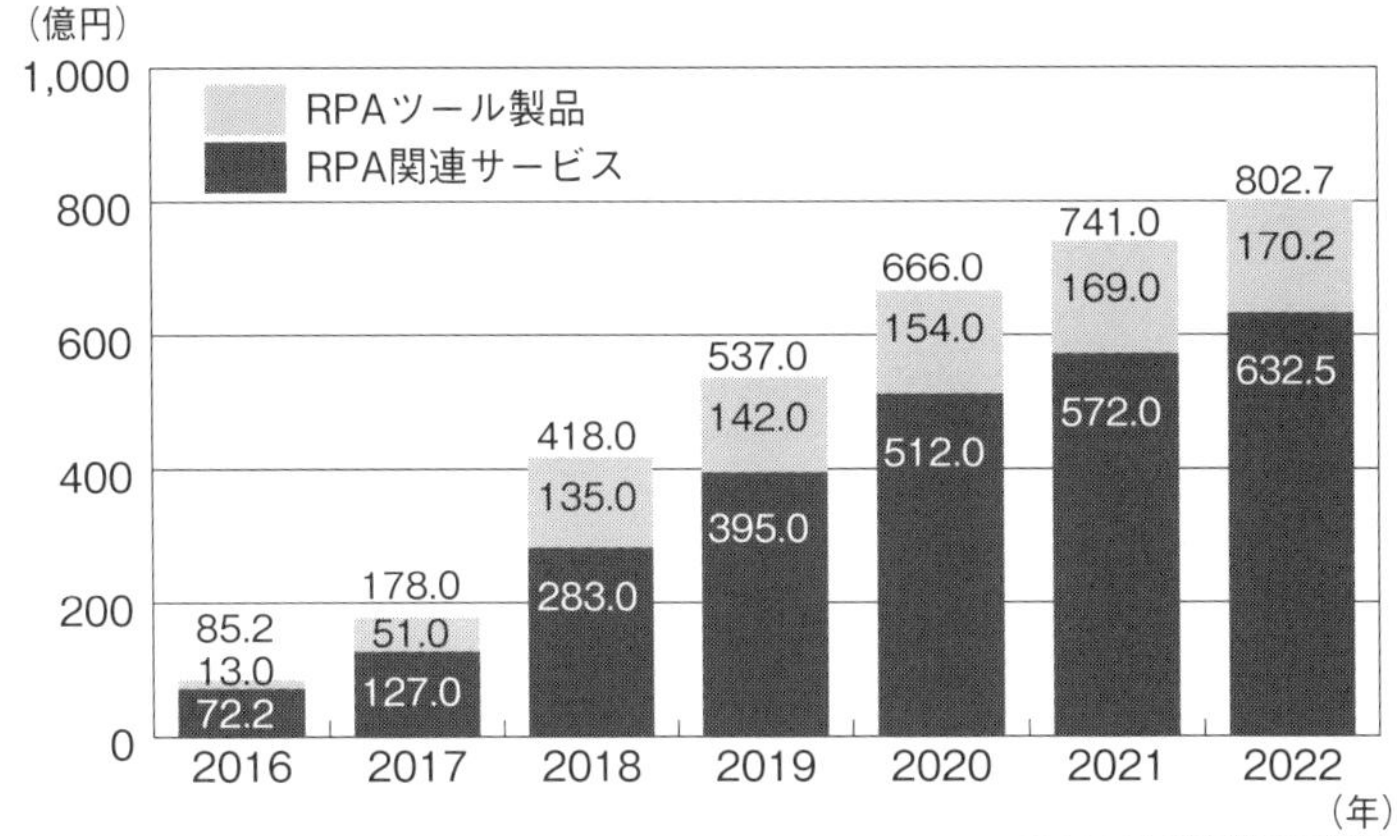

※2018年度以降は予測値
出所：矢野経済研究所プレスリリース(2019年2月14日)

図表4-5 RPA導入率推移

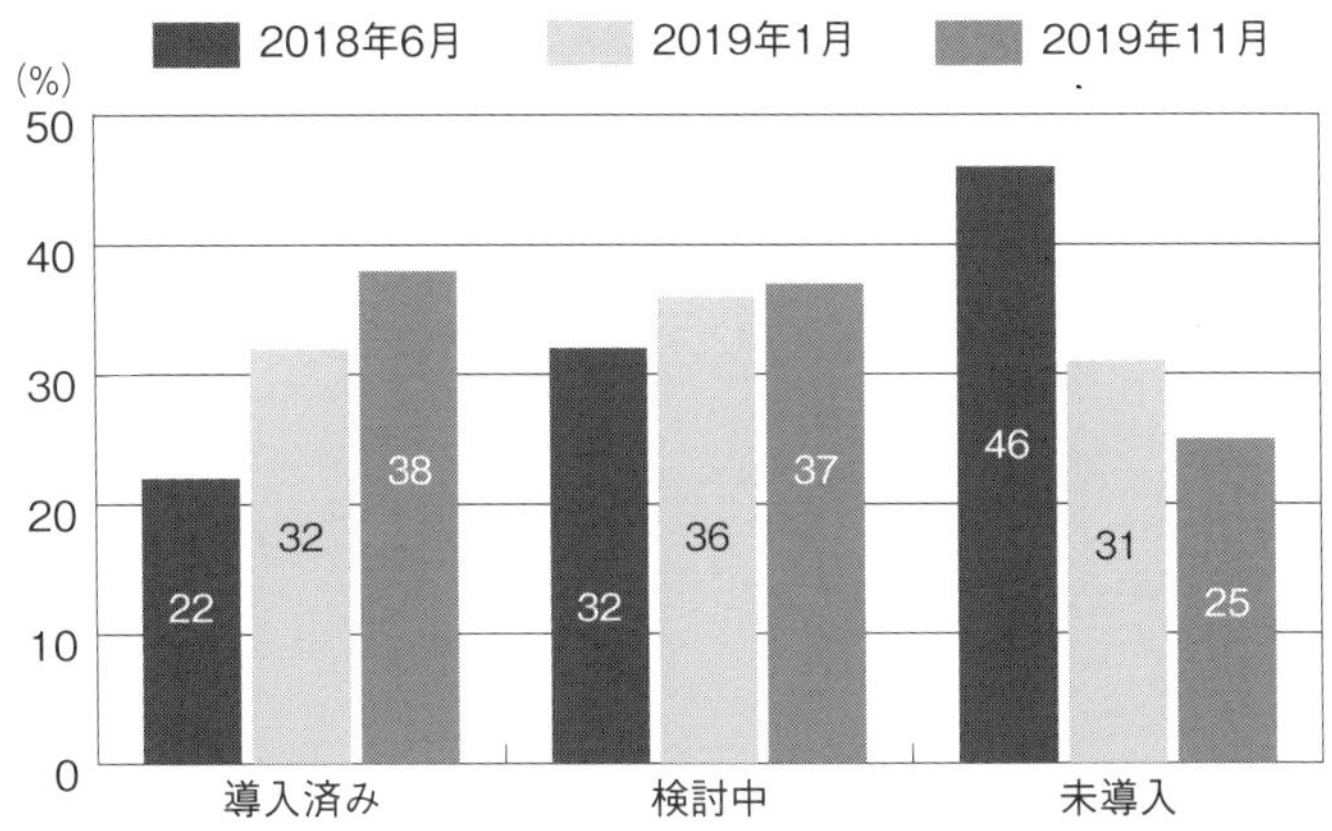

出所：MM総研「RPA国内利用動向調査2020」(2020年1月27日)

によると、日本企業のＲＰＡ導入率（二〇一九年一一月時点）は三八％と四割に迫り、二〇一八年六月（二二％）から約一年半の間に一六ポイント増加した。このうち、年商一〇〇〇億円以上の大手企業に限れば過半数（五一％）に達しており、二〇一九年は〝ＲＰＡ元年〟といえよう（図表４‐５）。

では、従来から使われている情報システムとＲＰＡツールはどのような関係になるのか。それを製造業のワークスタイルと比較して整理する。

たとえば、大規模な製造工場であれば、ベルトコンベヤーなどの生産設備が中心にあり、そのまわりに比較的安価で小回りの利く産業用ロボットが稼働し、産業用ロボットができない繊細な作業や、設備と設備をつなぐ作業をブルーカラーワーカーが支えるという三層構造になっている。

一方、従来のオフィスワーカーは、情報システム（基幹システム）が中心にあり、そのまわりでシステムを扱う作業を、すべてホワイトカラーが埋めていくという二層構造で設計されている。これまでも、ホワイトカラーの作業を削減していくことは検討がなされてきたが、システムの機能追加もしくは派遣・パート採用といった雇用形態別の対応に偏っていた。その結果、費用対効果がわりに合わないケースも多く、ホワイトカラーの人的労働力によって穴埋めするという形で多くの企業が採用している。

図表4-6　RPA化に適した業務

- ☑キーボードやマウスなど、パソコン画面操作の自動化
- ☑ディスプレー画面に表示された文字列、図形、色の判別
- ☑ID やパスワードなどの自動入力
- ☑アプリケーションの起動や終了
- ☑スケジュールの設定と自動実行
- ☑蓄積されたデータの整理や分析
- ☑業種、職種、現場の条件に合わせた柔軟なカスタマイズ
- ☑システムの異なるアプリケーション間のデータの受け渡し

図表4-7　RPAによる業務フローの改善例

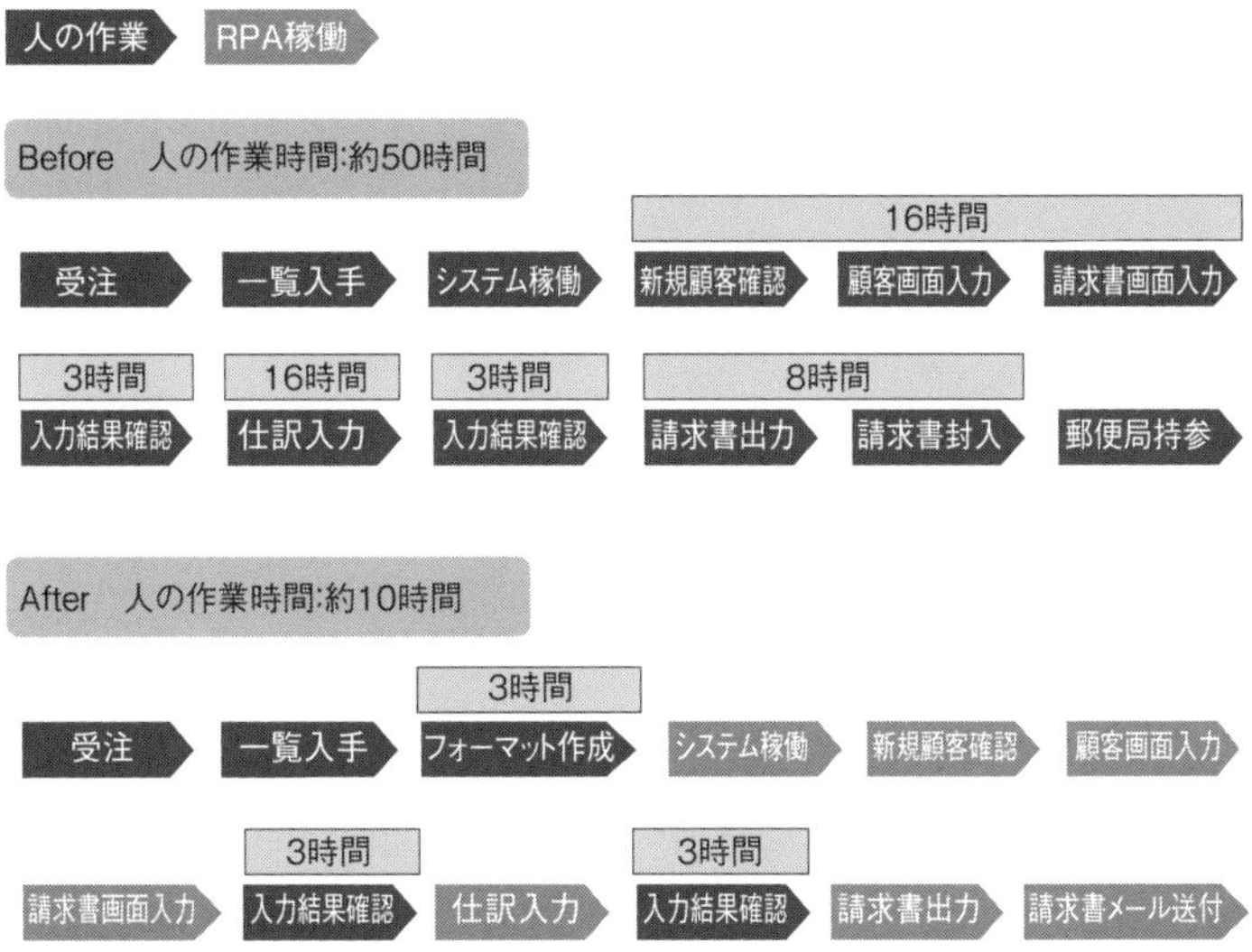

出所：タナベ経営

しかし、ＲＰＡの登場によって、オフィスも工場と同じように三層構造となり、これまで費用対効果の面から人力で行うしかなかった業務を機械に置き換える、という選択肢が生まれてきたのである（図表４-６、４-７）。なぜなら、システムより開発期間が短く、費用も低く（ツールによっては無料のものがある）、ミスなく疲れ知らず、しかも二四時間動いてくれるため（評価いらず）、人を一人採用するより非常に安価なコストで導入できる。

②ＲＰＡ導入の三つのＳ

ＲＰＡの導入を進めるうえでのポイントは、「業務の可視化を徹底する」ことと「正しい業務プロセスへ改善したうえで導入する」ことである。そもそもデジタル化する背景には、現在の業務に不適合が発生している、もしくは現状からさらなる効率化が必要という、いずれかの動機があるはずだ。現状維持のために、わざわざデジタルツールを導入する必要はない。

したがって、現状のプロセスをそのまま自動化するよりも、ＲＰＡの導入を機により効率的なプロセスへ転換することや、業務そのものの存在意義を見直すなど、徹底した業務の可視化を行っていくことが望ましい。徹底した可視化によって、高付加価値人材が低付加価値業務に多くの時間を割かれている現実が浮き彫りになる。ＲＰＡはもちろんのこと、ＡＩ、ＩｏＴの先端技術を活用し、本来行うべき付加価値創造業務にシフトすべき、との気付きを得られる。

ここで、ＲＰＡ導入のポイントとして、三つのＳを紹介したい。

・「スモールスタート」(Small start)

ＲＰＡはシステムと違い、一つの業務から導入が可能だ。大局着眼・小局着手で、小さく始めて全社に広げていくことが望ましい。

・「スピードスタート」(Speed start)

ＲＰＡを導入するまでの期間は平均三、四カ月だ。システムと異なり、スピード感のある導入によって、すぐに効果を実感することができる。

・「シンプルスタート」(Simple start)

ＲＰＡの導入にあたっては、業務の洗い出しが重要となる。業務フローをあるべき形にしたうえで、導入することが求められる。結果、シンプルに簡素化された形でＲＰＡを導入することになり、大幅な改善効果が期待できる。

③「ロボワーキング（Robo Working）」

タナベ経営は二〇一九年、ワークスアイディ（東京都渋谷区）と業務提携を結び、「RPAを活用した生産性向上」をテーマとした企業支援サービスを手がけている。前述したように、二〇一九年は〝RPA元年〟。多くの企業がRPAに興味・関心を持つなかで、「RPAの効果を最大限に発揮できる業務がわからない」「そもそも業務の洗い出しすらできていない」といった悩みが多く聞かれる。こうした声に応えるためにも、「ロボワーキング」という名称で支援している。

ロボワーキングは、コンサルティングファームのタナベ経営が、クライアント企業の業務改善（業務の可視化・改善提案・実行支援）を全体的な視点で推進する。その過程でRPAの対象となる業務を抽出し、ワークスアイディがRPAの実装を進めるという取り組みだ。これによって企業は業務改善の風土が醸成されるとともに、RPAというツールを用い、一気に業務改善を進めていくことが可能となる。

最近では、RPAと先端技術を掛け合わせ、さらなる改善効果を生み出し、人を高付加価値な仕事へシフトさせている。低付加価値業務の時間を削減し、人間が本来行うべき仕事にシフトさせ、真の働き方改革の実現とともに、さらなる企業成長へとつなげていただきたい。

クラウド

サステナブルな成長を続けていくために、柔軟で多様な働き方を実現していくことが求められているが、そのためには、いつでも、どこでも、何とでもつながることのできる環境が必要不可欠だ。それを実現するツールが「クラウド」である。これは、インターネット（＝クラウド）を経由してさまざまなコンピューティングサービス（サーバー、ストレージ、データベース、ネットワーク、ソフトウェア、分析、インテリジェンスなど）を活用できるサービスモデルである。

クラウドの語源は「雲（Cloud）」だという。ネットワーク上に〝浮かぶ〟サーバーのなかにソフトウェアやデータが存在しており、ユーザーは必要に応じてアクセスし、サービスを利用する。データなどが特定のハードに依存しないため、いつでも、どこでも業務遂行が可能になる。インターネットに接続できれば、世界のどこにいてもよいのである。日本ではすでに約六割の企業がクラウドサービスを取り入れている（図表4-8）。

企業はどのような目的でクラウドサービスを導入しているのか。総務省の「情報通信白書（令和2年版）」によれば、ファイル保管・データ共有や電子メール、社内情報

図表4-8 クラウドサービスの利用状況

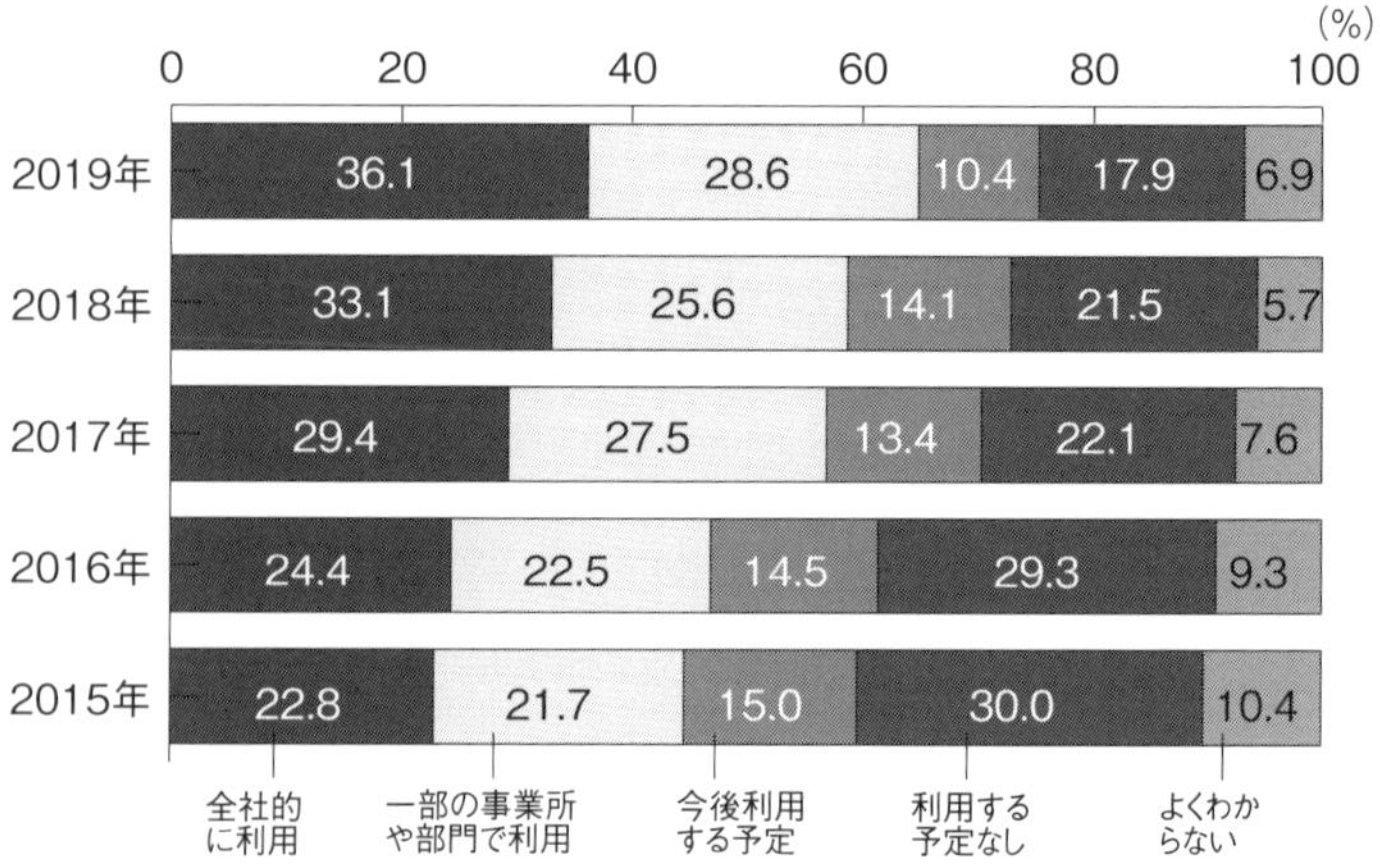

出所：総務省「情報通信白書(令和2年版)」

図表4-9 クラウドサービスの利用目的(上位12項目)

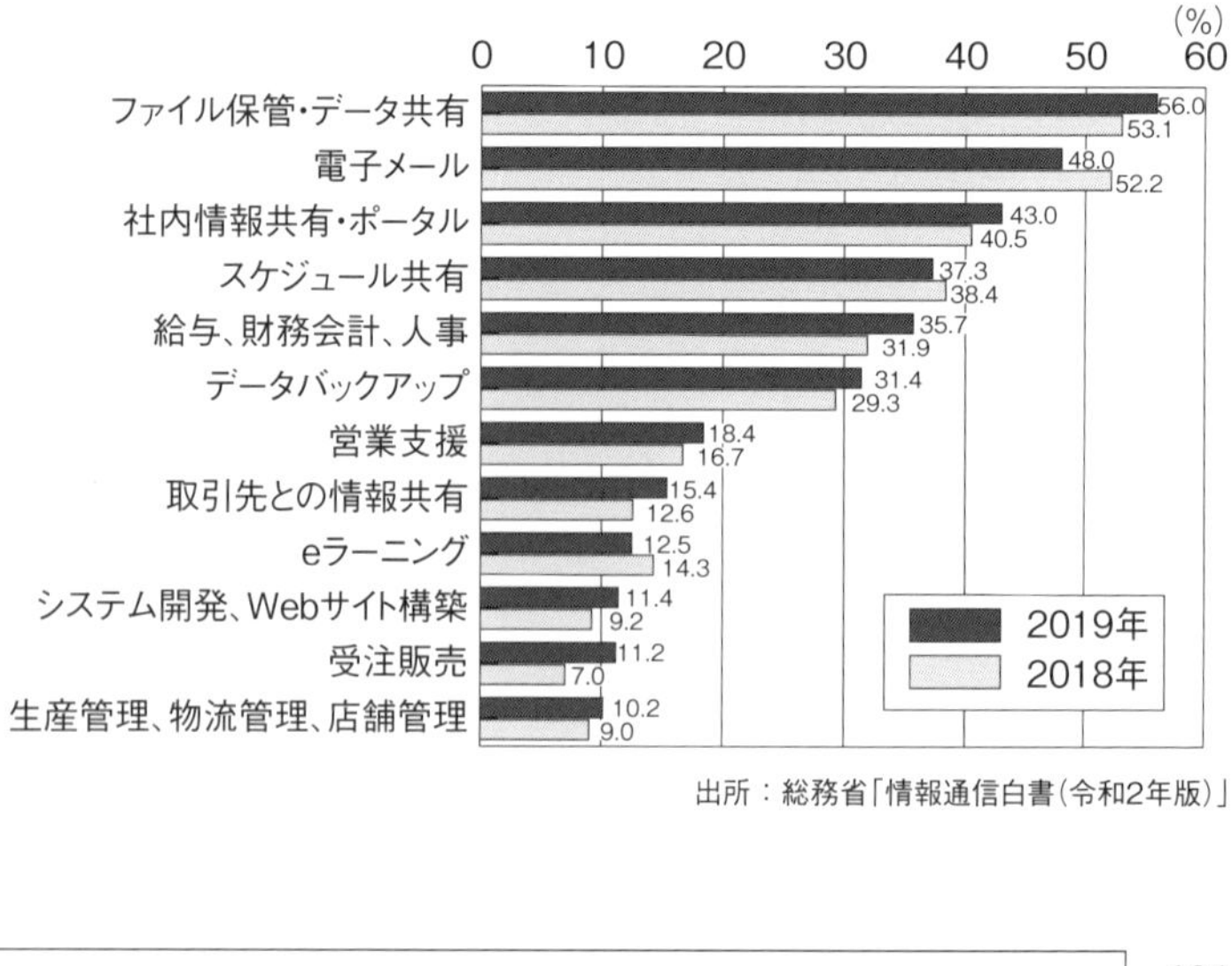

出所：総務省「情報通信白書(令和2年版)」

共有・ポータル、スケジュール共有など、グループウェアやデータの一元管理などが多い（図表4-9）。

自社保有のハードウェアで社内システムを運用する「オンプレミス」に比べ、クラウドのメリットは大きく三つある。

一つ目は、ウェブですぐにサービスを始められ、導入の手間が省ける。市販のパッケージソフトを除き、従来のシステム開発は運用開始まで一年から一年半の時間を要していた。だが、クラウド型であれば大幅に構築期間を短縮できる。

二つ目は、管理・運用をシステムベンダーに任せられることだ。これによって、更新や拡張、システムエラーへの対応など、社内の情報システム部門が担ってきた保守・運用業務の負担を大幅に軽減できる。より戦略的な業務に注力することが可能となるだろう。

そして三つ目は、インターネットに接続できれば、時間と場所にとらわれず、いつでも、どこでも利用できる点だ。たとえば、自宅や公園、飲食店、営業先の商談スペースで、見積書や提案書を作成・提示することが可能となる。場所の制約を受けずに業務処理ができれば、大きな生産性向上につながるだろう。また、テレワークや在宅勤務など、場所や時間にとらわれないワーキングスタイルを構築することができる。

セキュリティやプライバシー保護が求められる基幹システムをオンプレミスで構築し、コスト削減が優先される業務システムはパブリッククラウドで構築するなど、使い分けるケースはある。すべてのプロセスでクラウドを導入する必要はないが、まったく使う必要がないという企業もあり得ない。必要と思われる部門、有用と考えられるプロセスを探し出し、導入を進めるべきである。

チャットボット

従来、社内外を問わず、対人コミュニケーションツールといえばメールか電話であった。しかし、スマートフォンの普及によってインターネット上でのコミュニケーションがより活発となった結果、「メッセンジャー」「ツイッター」「ＬＩＮＥ」など、チャット（ネット上でリアルタイムに短文の会話をやりとりすること）によるコミュニケーションが広く普及した。

チャットによるコミュニケーションは雑談のように気軽な感覚でやりとりができるため、若者を中心として一気に社会へ浸透した。そのようななか、企業においてもスマートフォンが普及し、チャットでコミュニケーションを行うところも増えてきた。「ビジネスチャット」は、上司と部下など一対一のコミュニケーションでは避けられていたが、電子メールよりも手軽なうえ、多人数によるリアルタイムなコミュニケーションに適していることから、社内のコミュニケーションツールとして導入が拡大している。そうしたなか、企業と顧客、または企業間をつなぐ役割として、多くの企業が活用を始めているのが「チャットボット」である。

チャットボットとは、オンライン上のテキストメッセージである「チャット」と「ボット」の組み合わせである。ボットは〝ロボット〟の略で、「何かを命令すると、人の介在なしに遂行してくれるもの」という概念・ソフトウェアを指す。つまりチャットボットとは、オンライン上での会話を自動的に行ってくれるロボットのことである。

調査会社のＩＴＲが実施した調査（「ビジネスチャット市場２０１９」）によると、チャットボットの国内市場規模は二〇一八年度に約二四億円と前年度から倍増し、二〇二三年度には一〇〇億円の大台を突破するなど急成長が予想されている。

チャットボットには、あらかじめ決められたデータベースに基づいて会話を行う「人工無能型」と、機械学習を通して言葉の文脈や意図をくみ取って自然な会話を成立させる「人工知能型」に分かれる。近年は、音声型チャットボットである「グーグルホーム（Google Home）」や「アレクサ（Alexa）」など、音声を認識して命令を遂行してくれるツールも登場しているが、仕組みはほぼ同じだ。

現在目にするチャットボットの多くは、人工無能型に分別される。顧客や社内からの問い合わせのうち、FAQ（よくある質問とその回答）を積み立て、チャットボットに自動回答させるものだ。これは企業活動で大きなインパクトをもたらしている。たとえば、BtoC（消費者向け）事業を行う企業においては、消費者が気軽に問い合わせを行うなど顧客接点が増加し、ニーズを取得しやすくなる。また、BtoB企業も顧客とのやりとりでスピード感のあるレスポンスが可能になる。社内でも勤怠管理やスケジュールの確認、設備・会議室の利用予約、社員の人間関係の把握や業務適合判定、メンタルヘルスケアに至るまで、幅広い活用方法が期待されている。

そんなチャットボットには、たくさんの活用方法がある。大きくは「問い合わせ」「情報提供」「予約・発注・購入」などに使われることが多い。たとえば問い合わせでは、チャットボットの導入によって、二四時間対応の相談窓口を設置し、EC（電子商取引）サイト上での問い合わせや、商品の納品時期の確認、故障時の相談などが可能となる。問い合わせを受け付けるオペレーター人員や各種検索業務のサポートコスト、工数を大きく削減できる。

また、社内業務でいえば、「パスワードを忘れた」「機器の動かし方がわからない」「規定を教えてほしい」など、従来は電話や対面で応じていた社員の問い合わせをチャットボットに回答してもらう。これにより、バックオフィス（社内間接部門）の負担を大幅に軽減でき、その余力を重要業務や戦略領域に集中投入することができる。人工無能型のチャットボットは一般的な回答しか返せないが、それでも顧客や社内の悩みをある程度まで解消することが可能である。

情報提供では、自社の新製品・サービス情報などを発信し、顧客の開拓につなげていく。製品・サービスの存在を知らなかった人が興味を持てば、そのチャットへ応答する。チャットによる情報提供は、消費者のアクセスに対する心理的ハードルが低くなるため、顧客接点を持ちやすい。

予約・発注・購入では受発注業務を自動化できる。たとえば、製品写真を撮影してチャットで送ると型番が返信され、個数を入力すると発注が完了する仕組みなどがある。ピザの購入やタクシー・レストランの予約、会議室の手配など、チャットで完結させていることが多い。専用のアプリケーションを立ち上げなくても、プラットフォーム上で行えることが強みだ。最近は、「RPA×チャットボット」によって、勤怠管理や日報入力を自動化（チャットボットで勤怠や日報を入力しRPAでシステムに反映）している会社も存在する。

チャットボットによる企業側のメリットは三つある。

一つ目は、ユーザーの声を定量的に把握することが可能な点。チャットボット内では、パーソナル環境が維持されることもあって、一対一で本音に近い顧客データを収集することができる。そのデータを蓄積して活用すれば、よりビジネスチャンスが広がる。

二つ目は、社内の知識を一元的に管理できることだ。「それは○○さんに聞かないとわからない」ということでも、データベースをいったん構築してしまうと、同じ質問を何度されてもチャットボットが対応してくれる。担当者の退職・休職・長期休暇などの際にも、必要な知識が蓄積されているためスムーズに業務を引き継げる。ブラックボックスになりやすい社内業務をナレッジ化できることは、非常に大きなメリットである。

最後の三つ目は、やはり業務改革である。従来は手間と人手と時間がかかっていた間接業務をチャットボットに任せる。それによって社員は主体業務に時間を投資できる。これこそが、真の働き方改革に他ならない。いまは、無料のチャットボットプラットフォームが開放されており、ある程度の知識があれば誰でも活用が可能だ。経営の見える化を進めるうえで、社内外のコミュニケーションをデジタル化した「デジタルコミュニケーション」も実装していくことが必要である。

3――デジタルツールを活用した生産性向上

二〇二〇年の新型コロナウイルス感染拡大を契機に、企業規模の大小にかかわらずDX（デジタルトランスフォーメーション＝最先端のデジタル技術を活用した経営革新）への取り組みが加速している。ただし、それ以前からデジタルツールの活用は企業の大きな課題であった。経済産業省が二〇一八年九月にまとめた「DXレポート」によると、企業が既存のITシステムを刷新せずに放置すれば、二〇二五年以降は日本全体で最大一二兆円もの経済損失が毎年続くとされ（「2025年の崖」問題）、先進分野であるはずのITシステムの老化に危機感が高まっていた。そしてコロナ禍によってデジタルシフトが一気に進んだということである。

もっとも、この背景には、

◎「動く」ことに抵抗感を覚える人が増えた
◎デジタル化への心理的ハードルが低下した
◎リスクヘッジに対する重要度が高まった

――など、人々の価値観が大きく変化したことも影響した。

図表4-10 働き方の変化と対応するデジタルツール

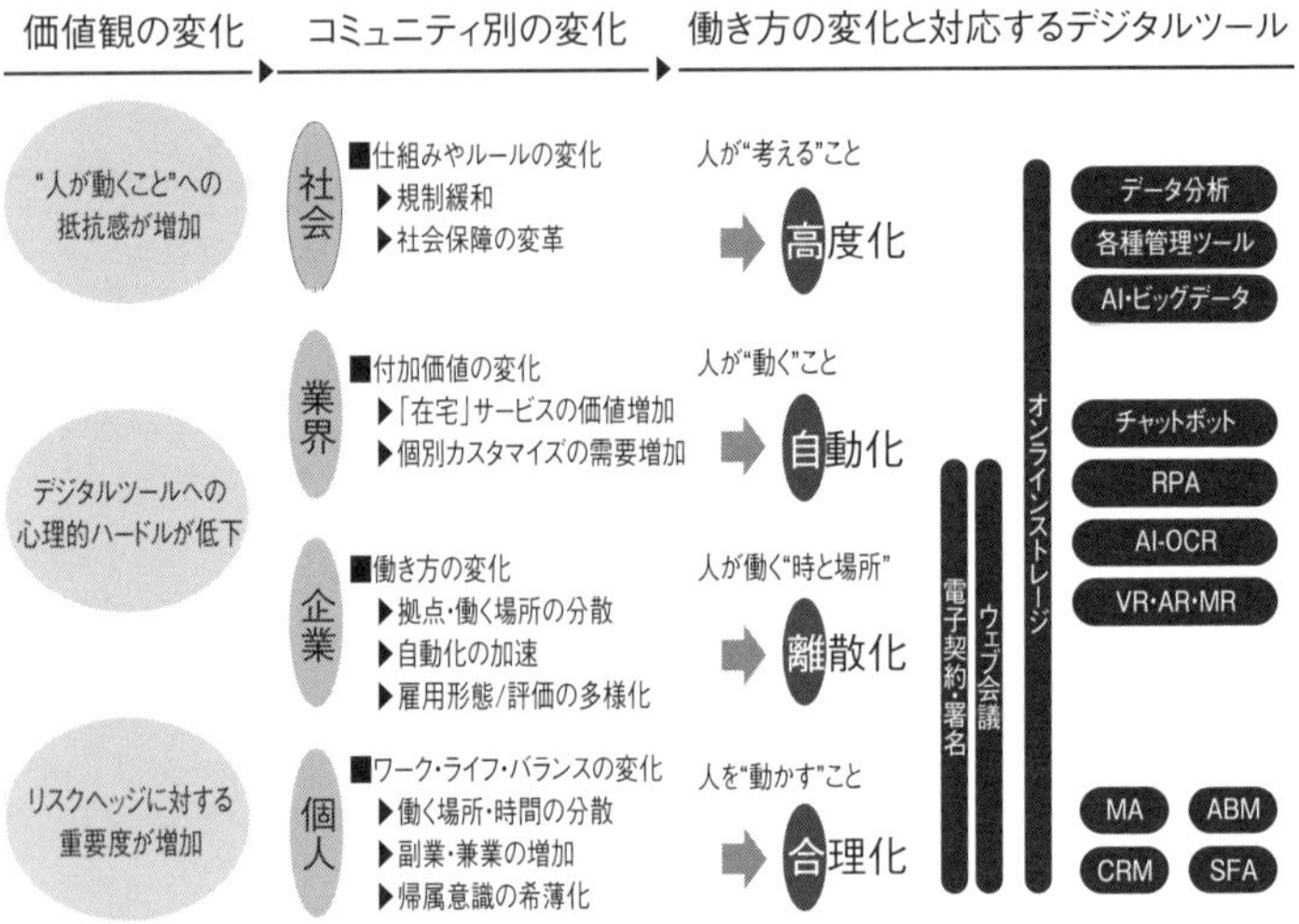

価値観が変わったことによって、「社会」（ルール）、「業界」（付加価値）、「企業」（働き方）、「個人」（ワーク・ライフ・バランス）などコミュニティにさまざまな変化をもたらした。こうしたニューノーマル（新しい常識）が生まれる時代では、人々が「高度化」（考え方）、「自動化」（業務）、「離散化」（労働環境）、「合理化」（行動）していく。そのためデジタルツールを効果的に活用し、生産性を高めていくことが企業の最重要課題となった。とりわけＡＩの急速な進展により、「自動化」「離散化」および「合理化」については早急な対応が求められている（図表４‐10）。

図表4-11 デジタルツール導入の流れ

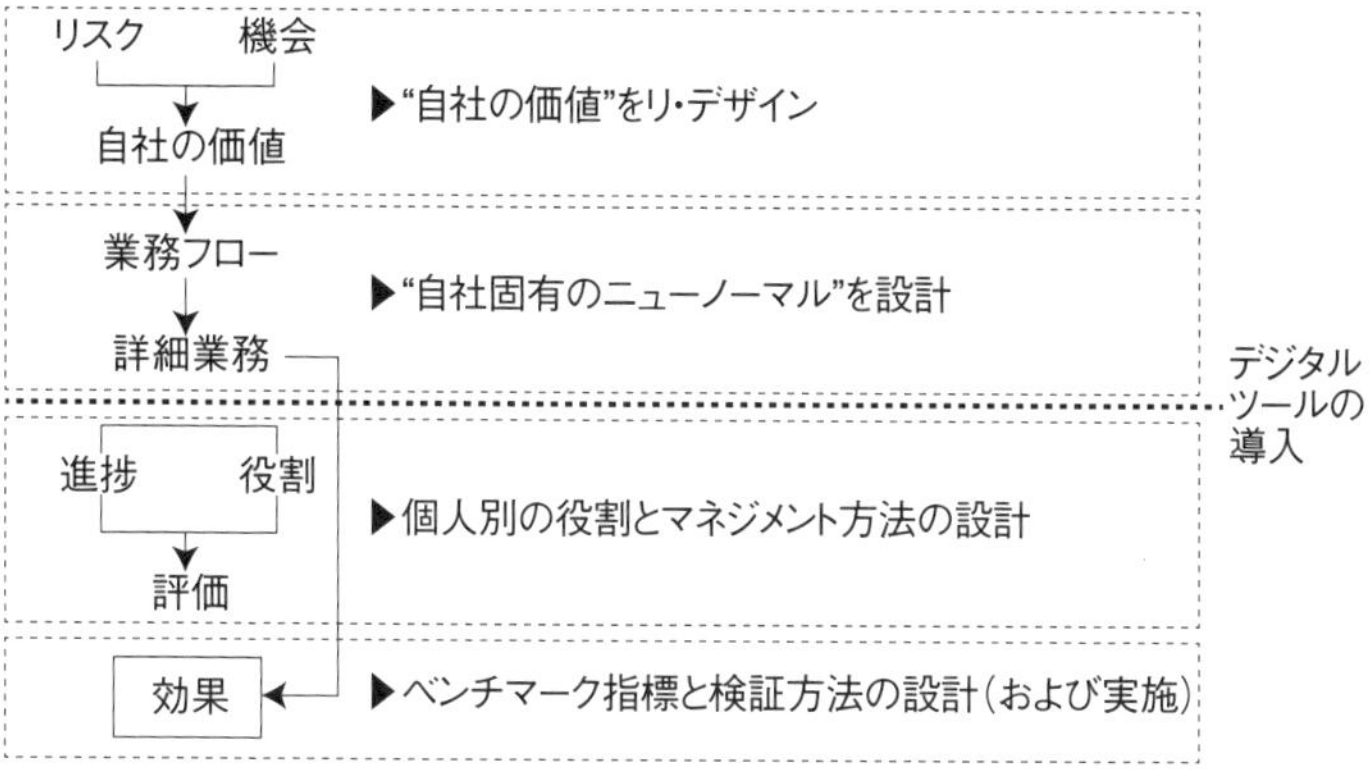

では、企業はこれからDXに対して、どのような対応をすればよいのだろうか。デジタルツールを導入するといっても多岐にわたるため、まずは導入する目的を明確にしなければ、正しく活用して成果を得ることはできない。具体的には、次に示す活用ステップを踏むことが重要である（図表4－11）。

①「自社の価値」をリ・デザイン

自社を取り巻く経済環境、自社が所属するマーケット、そして自社の事業動向などから、想定されるリスクと機会を抽出して顧客視点と社員視点から見た自社の価値を再定義することが初めの一歩となる。顧客視点では「誰に」「何を」提供するかだけでなく、「どのように」提供するかをバリューチェーン（価値連鎖）に沿って定義する。また、社員視点でオフィスの役割や組織活動の意味を再定義する。

②「自社固有のニューノーマル」を設計

現状の業務フローを見える化したうえで、再定義した新たな価値に基づいて業務フローを再設計する。「人が動くことに価値があるか」を判断基準とし、自動化を進める業務やアウトソーシング（外部委託）する業務を選定する。現状維持バイアス（変化を受け入れず現状に固執する心理傾向）を排して、Ｃａｎ・Ｂｅ《キャン・ビー》（なり得る姿＝できること）とＴｏ・Ｂｅ《トゥー・ビー》（あるべき姿＝目指すべきこと）の双方を設計することがポイントだ。この段階で初めて、自社に必要なデジタルツールの導入を検討することになる。

③個人別の役割とマネジメント方法の設計

直接会って対話をするコミュニケーションが減るという前提で、それぞれの社員に果たしてほしい役割と、それらの進捗状況を把握・評価するシステムを設計する。当然、短期的な成果主義や目先の業務遂行のみならず、若手社員・部下の育成など中長期的な事業継続に対する貢献も、役割として定めることが重要である。

④ベンチマーク指標と検証方法の設計（および実施）

業務フローのデザインとともに、ベンチマーク（基準との比較評価）すべき生産性指標とその検証方法を設定する。生産性向上の目的とともに生産性指標をあらかじめ定めて逐次、客観的データに基づいたモニタリングと継続的改善を図る仕組みを構築することが重要である。

デジタルツールの導入・活用

デジタルツールの導入や社内システムの開発（構築）においては、前述した自社固有のニューノーマルに基づいて導入・開発方法を選択することが大切である。その際は次の二つのパターンを使い分ける必要がある（図表４-12）。

①アジャイル型

予定していた仕様や設計の変更は当然あり得るという前提に立ち、初めから厳密に仕様を定義せず、おおよその仕様で細かい反復開発（実装・検証・修正）を繰り返しながら、徐々に進めていく手法である。後述するウオーターフォール型に比べ、スピーディーに導入・開発できる。ＲＰＡなど自動化ツールの導入がこれにあたる。

図表4-12　デジタルツール導入の二つのパターン

		アジャイル型	ウオーターフォール型
概要		仕様や設計変更は当然との前提で、初めから厳密な仕様は決めず、徐々に導入を進めていく手法	設計やプログラミングなど各段階を一つずつ順番に終わらせ、次工程に進んでいく古典的な導入方式
メリット		・スピーディーに導入できる ・柔軟性がある	・予算見積もりや導入計画が容易 ・人材育成や採用が比較的容易
条件	規模	小さい	大きい
	品質	高品質が求められない	高品質が求められる
	組織	意思決定権者が必要	工程の専任者がいればよい
具体例		・RPA導入 ・単機能システム ・プロトタイプ製品 ・新サービス ・テスト運用（モデル拠点） ・社内ルールや仕組みの運用	・既存システムとの連携 ・基幹システム ・正式版製品 ・変更が少ない社内システム ※部分的にアジャイル型にすることは可能

図表4-13　デジタルツール活用の三つのフェーズ

テーマ	フェーズ1 引き算的発想	フェーズ2 足し算的発想	フェーズ3 掛け算的発想
ビジネスDX	バリューチェーンの省人化	サービスのデジタル化	新たな付加価値の創造
マーケティングDX	非効率アプローチの削減	顧客育成の最適化	顧客価値・需要の予測
バックオフィスDX	単純作業の自動化	フロント業務の効率化	バックオフィスの収益化
ワークスタイルDX	場所と時間の分散化	パフォーマンスの最大化	従業員エンゲージメントの両立

②ウオーターフォール型

水が上から下へ垂直に落ちる滝（ウオーターフォール）のように、設計やプログラミングなど上流工程から下流工程に至る各作業を一つずつ終わらせて、次に進む方法である。順番通りに前工程の品質を確保しながら、後工程での不具合リスクを最小限に抑える古典的な手法で、基幹システムの導入・開発などがこれにあたる。

また、DXの活用・運用においては、大きく三つのフェーズがある（図表4-13）。

フェーズ1

ツールやシステムの運用で自動化・効率化を図り、人の作業をデジタルに置き換えていく、いわば「引き算的発想」のフェーズである。現在、ほとんどの企業がこれに取り組んでいる段階だ。たとえば、バリューチェーンにおける省人化、非効率なアプローチの削減、RPAなどによるパソコン定型業務の自動化、グループウェアやウェブ会議の活用による場所と時間の分散化などである。

フェーズ2

引き算的発想の次は、デジタルを活用して付加価値を付けていく「足し算的発想」の段階である。たとえば、オンライン営業による商談・受注件数の大幅増加やSNS

とウェブサイトの運用による集客数増加などである。フェーズ1と同時に進める場合も多いが、フェーズ2では、より顧客視点、従業員視点を持ったツールやシステムの選定と活用が必要となる。

フェーズ3

フェーズ1、2を経て、本格的に活用していく「掛け算的発想」の段階になる。たとえば、人が経験と勘と度胸で判断していた需要予測や行動予測などをAIに置き換え、幾何級数的に増加していく収集データを機械学習やディープラーニング（深層学習）などにより解析を重ね、精度の高い判断実績を積み上げていく。

一方、デジタル化の推進にあたっては、ツールやシステムを選定する以前に、人の意識や考え方、計画性、そして常識に縛られない組織風土など、アナログ要素の改善も極めて重要である。

筆者は生産性向上コンサルティングを実践するなかで、デジタルツールの導入や社内システムの開発に参画することがあり、人や組織に起因するいろいろな失敗事例を見聞きしてきた。参考までに、よく見られる「陥りやすい失敗例」を次に紹介しよう。

(a)議論が日常業務の延長線上で止まり、改革ではなく改善にとどまってしまう。
(b)現場の声を聞くあまり、現場の不満解消に終始して抜本的改革へ踏み込めない。
(c)やるべきことではなく「やったほうがいい」ことが増え、逆にムダな業務が増える。
(d)全社視点を欠き、俯瞰《ふかん》的な対策が打てないまま目先の業務の最適化に終始する。
(e)デジタル人材育成やDX教育など定性的な議論に集中し、結局は何も進まない。
(f)社内全体にデジタル技術の導入意図が伝わらず、ムダな投資に終わってしまう。

ニューノーマルな時代における生産性向上は、デジタルツールを効果的に活用していくことが必須である。とはいえ、最終的に決断・行動するのは人である。単に「便利なツールがあるらしいから、導入してみようか」といった安易な取り組みだと成果は出ない。自社に固有の業務フローをデザインし、正しいステップで計画的かつ柔軟に導入・活用して生産性向上という成果へつなげていただきたい。

4――戦略的オフィスづくり

いま企業のオフィスに異変が起きている。これまでのように対面・画一的に事務机が並ぶスタイルではなく、より楽しく、効率的に働けるようにオフィスをデザインする企業が増えているのである。社員が魅力的に感じる職場環境を整備することは、その会社がいかに人材を大切に扱っているかのメッセージにもなる（思いやりの見える化）ため、経営者にとっては軽視できない投資となる。

さらに、新型コロナウイルスの感染拡大に伴い、社員の在宅勤務（テレワーク）を導入する企業が急速に増えている。ただ、「働き方改革」が叫ばれるなか、多くの職場が残業削減と生産性向上にチャレンジしているものの、「働く」を見える化できず、なかなか効率が上がらない企業が多い。そんななか、新しいワークスタイルを取り入れて営業効率が向上した日本ＨＰ（東京都江東区）の取り組みを紹介する。

誰がどこにいても仕事ができる

世界一七〇カ国で、約五万人の仲間と共有するもの――。グローバルに事業展開する米ＨＰ*は、「Keep《キープ・》 Reinventing《リインベンティング》（イノベーションを続け、暮らしや社会をよりよくするテクノロジーを創出する）」というビジョンと、柔軟で生産性の高い新しいワークスタイルを追求する、コンピューターとプリンティングの製造・販売会社である。子会社である日本ＨＰにも、このビジョンと企業理念「ＨＰ Ｗａｙ（エイチピー・ウェイ）」

が浸透している。

＊米ヒューレット・パッカードは二〇一五年、ＰＣ・プリンタ事業（ＨＰ）と法人向け事業（ヒューレット・パッカード・エンタープライズ＝ＨＰＥ）に分社化。日本法人（旧日本ヒューレット・パッカード）も、ＰＣ・プリンタ事業を手がける「日本ＨＰ」と法人向け事業の「日本ヒューレット・パッカード」に分割した。

創業者の一人であるビル・ヒューレット氏の、「人間は男女を問わず、よい仕事、創造的な仕事をやりたいと思っていて、それにふさわしい環境に置かれれば、誰でもそうするようになる」という言葉がある。働きやすい環境づくりによって社員が自立し、主体的に仕事に取り組むという信念だ。一九六七年、ＨＰは、出退社時間を選択できる「フレックスタイム制度」を米国企業として初めて導入した（同社ドイツ法人）。日本ＨＰも一九七七年に導入し、二〇〇一年にはオフィス内の固定席をなくすフリーアドレスを、さらに二〇〇七年からテレワークも認める「フレックスワークプレイス（ＦＷＰ）制度」を採用している。

「なるべく効率的に働き、成果を最大限に上げてもらうための制度です。ＦＷＰ制度を利用すると、通勤時間を節約できます。仕事の進め方は個々の裁量に委ねています」

笑顔でそう語るのは、取締役人事・総務本部長の羽鳥信一氏だ。グローバル企業の一員として海外法人とのコミュニケーションが不可欠なことや、持ち運びが可能なノートPCなどのデバイスやネットワーク環境の伸展は追い風になった。だが、それ以上に、便利なITツールを使いこなして価値を生み出したい社員と、それが新たな働き方の提案につながると考える経営サイド、双方のベクトルの一致が制度化の原動力となった。

当初、在宅勤務は週二日が上限だったが、二〇一六年に最大週四日へ拡大。二〇一八年からは派遣社員も最大週二日の利用が可能になった。前日までに口頭やメールで上司の承認を得ればよく、半日休暇や直行直帰と併用できるなど、シンプルに賢くワークシーンを選択できる。

「柔軟な働き方を早くから導入してきましたが、基本はオフィス中心の働き方でした。それを、自宅も就業場所に認めたのがFWPで、社員の利用率はほぼ一〇〇%です。オフィスワークでも座席が自由なので、普段からZoom《ズーム》（ビデオ会議ツール）が社内ミーティングの標準ツールですし、グループウェアのチャット機能など、対面にこだわらないコミュニケーションツールも多彩です。居場所が自宅に変わっても支障なく業務ができますし、違和感はなかったです」（羽鳥氏）

新型コロナ禍以前から社員の約六割が月一日以上、そのうち半数は週一日利用していたのも、誰がどこにいても仕事ができる環境が根づいている証しだ。また、多様な価値観を尊重し、仕事の裁量を個々に任せることが、「よりよい働き方による、働く力の最大化」には大切であることも物語っている。

フルリモート化で「内」のコミュニケーション環境を整備

新型コロナ禍においては、二〇二〇年二月末に週五日のフルテレワークへ移行した。

「HPはグローバルに、社員やお客さま、パートナーの安全を第一と考えています。当社も、出社時は上司の承認が必要で、業務上不可欠なケースに限定し、出社する社員は一割以下です」（二〇二〇年八月時点）と日本HP広報部マネジャーの川邑《かわむら》和代氏は話す。三月実施のアンケート調査では、「仕事の効率は下がらない」とテレワークを肯定する回答が九割を占め、出社を希望する従業員は少なかった。

「『通勤がなくなり楽になった』『時間を有効に使える』とポジティブな声が多いです。派遣社員もほぼ一〇〇％テレワークです。PC持ち出し時のリスクを懸念してこれまで同意しなかった派遣会社も、非常事態ということで合意できました」（羽鳥氏）

一方で、これまでの業務がうまくできない場合もあった。製品開発やテストを担当する社員は、技術支援やデータ分析など、リモートで可能な業務に限定され効率が低下した。

出社制限中の本社オフィス。1.8mのソーシャルディスタンシングを徹底し、16名用の会議室も利用は3名までに制限している

製造業ならではの課題も見えてきた。テレワークの急速な普及により、PCの需要が高まるなかでの工場運営だ。日本HPの東京ファクトリー&ロジスティックパーク（日野市）は、国内のガイドラインに準じた安全対策を実施したうえで生産を継続。出退勤時に検温とアンケートを行って記録化している。マスクや消毒に加え、工場ラインに飛沫《ひまつ》感染防止シートをしつらえ、一部スタッフはフェースシールドも着用。昼・夜勤のオペレーター交代を一・五時間空けるシフトに変え、接触機会をなくす工夫も凝らした。

全社的な業務管理や育成指導のマ

ネジメントも対面だったが、二〇二〇年三月以降はＺｏｏｍを活用。マネジャーが対話の数を増やし、チームミーティングでは本題に入る前に「最初の一〇分は雑談しましょう」と呼び掛けた。羽鳥氏が統括する人事・総務部門も、「仕事の話はしない」を基本に、Ｚｏｏｍで雑談する「オンラインティータイム」を開催。新入社員の孤立を防ぐ「歓迎ティータイム」も開始した。社員育成のトレーニングは、ｅラーニングなどを活用し、在宅でのリモート学習が可能になっている。

テレワークに慣れ親しんできた同社。そのきっかけは、交通機関の乱れや計画停電で出社制限を余儀なくされた東日本大震災だった。その姿は、新型コロナ禍で初めてテレワークと本格的に向き合った多くの企業にとって、よい先例となる。

「心配していたことが実はそんなに大きな問題じゃない。オフィスに縛られない働き方も思ったよりできるものだ。いや応なしにでもテレワークをやってみて、そう気付いた企業も多いはずです。私たちがそうでしたから。『コミュニケーションは工夫すればできる』というのが、私にとって最大の気付きでした」（羽鳥氏）

企業文化や社風が色濃くにじみ出るテレワーク。同社では情報の公開やコミュニケーションが、オープンな環境への推進力になっている。

羽鳥氏は自らのスケジュール情報をグループウェアに公開し「いつでもチャットし

て！」と発信する。テレワークで姿が見えなくても、多忙かどうかが一目瞭然になると相談しやすく、互いの都合も無理なく擦り合わせができるからだ。また川邑氏は、Ｚｏｏｍでのミーティングを開催する際に、〝阿吽《あうん》の呼吸〟で思いが伝わる対面（リアル）の会議よりも「効率的に意思を共有し、合意形成を図るように、どうリードするか」を強く意識している。どちらも、何をどうしたいのか、働く思いや行動を可視化し明確に共有することが、テレワークで成果を生むアプローチになっている。ただそれは、上意下達を重んじるマネジメントからは生まれにくい。

「ＦＷＰ制度の導入当初、当社にも『出社＝仕事』『夜遅くまで頑張る＝高評価』と考える役員やマネジャーがいました。でも本来、仕事とは一定の時間内で効率的に何かしらの成果を生み出すこと。それをきちんと評価できるマネジメントの視点を確立し、日常的にテレワークができることが、新型コロナ禍に限らず非常時の備えとして重要です。それはＢＣＰ（事業継続計画）の観点からも欠かせないことです」（羽鳥氏）

求められているのは、仕事をする空間ではなく、働きやすさが仕事の成果と評価につながるマネジメントだ。

テレワークで営業効率が向上。「一日のオフィスワーク」も検討へ

フルテレワークを始めて五カ月（二〇二〇年七月末現在）で、業務フローにも変化が生まれた。羽鳥氏や川邑氏の耳に営業部門から届いたのが「営業効率が上がった」との声だ。

オンラインで北海道の顧客とリモート商談を行い、その一時間後に沖縄の顧客にアポイントを取る。出張では物理的にあり得なかったことが現実になったからである。

「お客さま自身が、リモート商談にメリットを感じ始めています。新型コロナ禍が終息しても、必ずしも対面である必要はないというケースが増えるでしょう」（川邑氏）

もちろん課題もある。テレワークを躊躇《ちゅうちょ》する要因の一つがセキュリティの問題だ。特に官公庁や金融機関では、「効率・生産性＜安全性」の優先順位が徹底され、デバイスの外部持ち出しは禁止が当たり前。また、紙ベースの書類決裁やはんこ文化の問題も残っている。年金や健康保険などの重要書類は郵便で届くため、同社の人事・総務部門も月二日は出社せざるを得ない。それでも、日本社会全体が変わろうとしている空気感を、羽鳥氏は肌で感じている。

「現行のＦＷＰ制度では、週一日はオフィスへの出社を義務づけていますが、その一

日を残す意味もないのでは、と私たちも検討を始めています。取り払える制約は他にもあると思います」（羽鳥氏）
コンピューターウイルスの感染や情報漏えいを防ぐ高いセキュリティ機能を搭載したPCやサービスの提供と、3Dプリンティングなどデジタルによるモノづくりは、どちらも同社が現在進行形で挑むイノベーションだ。自社での働き方の変革が、事業の未来像にもつながっている。

5——「SDGs（持続可能な開発目標）」と見える化

「SDGs（Sustainable Development Goals：エスディージーズ、持続可能な開発目標）」とは、二〇一五年九月の国連サミットにおいて全会一致で採択された、人と地球の未来のために二〇三〇年までに解決すべき一七の国際目標（その下に一六九のターゲットと二三二の指標がある）をいう。

国際社会で普遍的に適用されるこれらの目標を達成する担い手として、企業への期待が高まっている。また、多くの企業においても自社の経営理念やビジョンを踏まえ

図表4-14　今後のSDGsの取り組み（複数回答）

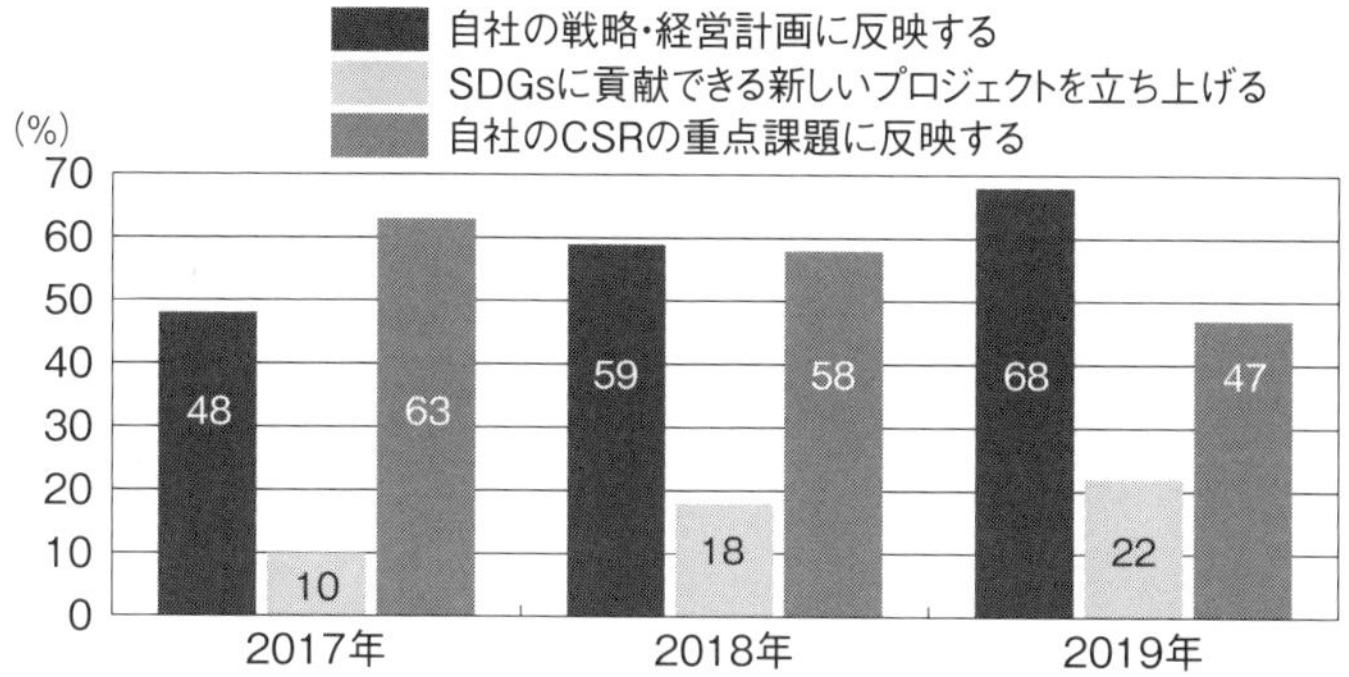

出所：グローバル・コンパクト・ネットワーク・ジャパン（GCNJ）／地球環境戦略研究機関（IGES）「SDGs日本企業調査レポート2019年度版『ESG時代におけるSDGsとビジネス～日本における企業・団体の取組み現場から～』」（2020年3月5日）

て、事業を通じて優先的に取り組むべき自社にとっての重要課題（マテリアリティー）を特定し、ＳＤＧｓ達成に貢献しようとしている。

グローバル・コンパクト・ネットワーク・ジャパン（ＧＣＮＪ）と地球環境戦略研究機関（ＩＧＥＳ）がまとめた調査結果（二〇一九年）によると、ＳＤＧｓに対する日本企業の経営陣の認知度が七七％に大きく上昇（前年調査では五九％）している。また今後のＳＤＧｓの取り組みについて「自社の戦略・経営計画に反映する」と答える企業が六割超（六八％）に達した。それに対して、「自社のＣＳＲ（企業の社会的責任）の重点課題に反映する」（四七％）企業は三年連続で減少、両者の回答率が逆転した

（図表4‐14）。

ＣＳＲとは企業が自社の利益追求だけではなく、よりよい社会づくりを目指す自発的な取り組みをいう。つまり、ＣＳＲのなかの一つの取り組みだったＳＤＧｓが、良心に基づいた慈善的な〝環境・社会貢献活動〟という枠組みを超え、本格的に経営課題・事業戦略として位置づけられてきたことを示している。

また、日本ではサステナブル投資（経済・環境・社会の持続性に配慮した投資）の規模が拡大を続けており、投資規模は約三三六兆円（二〇一九年）と四年前の約二六・七兆円（二〇一五年）から一二・六倍に急増し、総運用資産残高（国内金融機関の投資残高）のうち半分以上を占めるまでに拡大している。すなわち、ＥＳＧ（「エンバイロメント＝環境」「ソーシャル＝社会」「ガバナンス＝企業統治」の総称）を重視する企業ほど機関投資家からの資金調達が有利となっており、こうした状況も企業のＳＤＧｓ活動を後押ししている。

ちなみに、企業におけるＥＳＧの取り組み例として、次のようなものがある。

〈ESGの取り組み例〉

・E／環境（Environment）

再生可能エネルギーなど循環型ビジネスの推進、製造工程やオフィスの環境負荷の軽減など。

・S／社会（Social）

子育て支援策の充実、女性役職者数の増加、フェアトレードへの支援、施設のバリアフリー化、取引先への労働環境モニタリング、障がい者の雇用拡大、人権問題への対応、定年延長・撤廃など。

・G／企業統治（Governance）

役員のダイバーシティーの確保、社外取締役の増員、役員研修の充実、株主との対話の深化など。

（参照：日本サステナブル投資研究所レポート「サステナブル投資とESG投資について（その関係性と国連との関係など）」二〇一六年二月二六日発行）

ESGが持続可能な企業経営を実現するための手段であるのに対し、SDGsは持続可能社会の実現に向けた、地域や行政、市民、企業などすべてのセクター（部門）

図表4-15　SDGsの活用によって広がる可能性

企業イメージの向上 SDGsへの取り組みをアピールすることで、多くの人に「この会社は信用できる」「この会社で働いてみたい」という印象を与え、より多様性に富んだ人材確保にもつながるなど、企業にとってプラスの効果をもたらす。	**社会の課題への対応** SDGsには社会が抱えているさまざまな課題が網羅され、今の社会が必要としていることが詰まっている。これらの課題への対応は、経営リスクの回避とともに社会への貢献や地域での信頼獲得にもつながる。
生存戦略になる 取引先のニーズの変化や新興国の台頭など、企業の生存競争はますます激しくなっている。今後は、SDGsへの対応がビジネスにおける取引条件になる可能性もあり、持続可能な経営を行う戦略として活用できる。	**新たな事業機会の創出** 取り組みをきっかけに、地域との連携、新しい取引先や事業パートナーの獲得、新たな事業の創出など、今までになかったイノベーションやパートナーシップを生むことにもつながる。

出所：環境省「すべての企業が持続的に発展するために－持続可能な開発目標（SDGs）活用ガイド－〔第2版〕」（2020年3月）をもとにタナベ経営が編集加工・作成

による具体的目標である。つまり、企業においては経営理念やビジョンの実現につながるSDGsを達成するため、ESGへ取り組むという構図になる。

SDGs達成の取り組みに対し、「大企業と市民団体が取り組むもの」「国や行政がやるべきこと」「中小企業には何の得もない」などの声がよく聞かれるが、SDGsの活用は、経営リスクの回避や企業イメージの向上、新たなビジネスチャンスの獲得といった効用がある（図表4-15）。

従来は曖昧模糊とした、どちらかといえば抽象的なイメージで捉えられていた経営理念・ビジョンが、SDGsの登場によって理念・ビジョン実現のターゲットがより明確になったともいえる。

したがって、ＳＤＧｓの推進は「理念の見える化」につながる。その事例として、ある自然食品メーカーの取り組みを次にご紹介しよう。

6――ＳＤＧｓ推進による理念の見える化事例

自然食品（マクロビオティック食品）の製造卸会社オーサワジャパン（東京都目黒区）は、一九四五年の創業以来、全国の自然食品店やスーパーマーケット、レストラン、薬局、料理教室、通信販売会社などに販売している。「マクロビオティック」とは、季節や体調に合わせた食材や調理法で体を整える食事法のことだ。同社はマクロビオティックの生みの親である故・桜《さくら》沢《ざわ》如一《ゆきかず》（ジョージ・オーサワ）氏が創業した会社で、販売商品は約二〇〇〇アイテムに及び、独自の品質基準を厳守している。その同社が二〇二〇年四月に「ＳＤＧｓ宣言」を行い、ブランディングを展開している。

同社の経営理念（社会的使命）は「マクロビオティックの普及を通じて人々の健康増進に貢献すること」である。取り扱う商品が人々の健康や環境保全に直結するほか、健康増進によって医療費の削減にも寄与するビジネスモデルであるため、親和性が高

図表4-16 企業経営におけるSDGs導入の五つの方向性

理念・ビジョン	自社の果たすべき役割をSDGsに沿って再定義し、企業活動における価値判断基準として位置付ける。
中期経営計画・年度方針書	経営戦略とSDGsのゴール（17の目標）との関連性や、課題解決のためのアプローチ方法を明記し実行計画に落とし込む。
事業開発	SDGsのゴールに即した社会課題の解決に資する新規事業を実現することで非連続の成長を志向する。
ブランディング（インナー/アウター）	自社ホームページや各種メディアを通じSDGsに関連した取り組みを継続的に発信することで、従業員のモチベーション向上や採用へのプラス効果を狙う。
研修・勉強会	日頃の活動と社会課題を結び付ける意識を高めるため、研修やワークセッションを実施してSDGsに対する従業員の正しい理解を促す。

いSDGsの考え方を同社の理念体系や商品開発に実装し、社内に浸透（インナーブランディング）を図るとともに対外的にアピール（アウターブランディング）を行うことで、マクロビオティックの普及を推進する善循環システムの構築に取り組んだ。

同社は検討を重ねた結果、商品やチャネル（卸売、直営店、通信販売）、サービス（料理教室、セミナー）、人材育成などそれぞれを通じ、「目標3：すべての人に健康と福祉を」「目標4：質の高い教育をみんなに」「目標8：働きがいも経済成長も」「目標12：つくる責任 つかう責任」「目標14：海の豊かさを守ろう」「目標15：陸の豊かさも守ろう」「目標17：パートナーシップで目標を達成しよう」など、計七つの目標をマテリアリティーとして特定した。そして、それらを組み込んだ理念体系を整備、「理念ブック」を作成して可視化させた一方、会社案内やウェブサイトを制作し対外的にアピールしたのである。

最近は、いわゆる「ＳＤＧｓウォッシュ（ＳＤＧｓに取り組んでいるように装い、実態が伴っていないビジネスのこと）」を疑わせるような企業が一部で散見される。ＳＤＧｓを「絵に描いた餅」にしてはいけない。オーサワジャパンのように、自社のビジネスモデルを可視化したうえで、経営理念に基づきＳＤＧｓの目標から解決に貢献できる課題を特定し、社内での浸透・理解や商品開発、ブランディング展開などにつなげていく必要がある（図表４‐16）。

第5章

真の生産性向上を目指して

1――〝戦略二流〟でも「実行一流」を目指せ

企業を取り巻く経営環境は、市場のグローバル化と顧客ニーズの多様化が急速に進んでいる。現状維持では、すぐに衰退してしまうだろう。現在は企業の優勝劣敗がはっきりする時代だけに、「変化への対応力」と「新たな価値提供」が求められる。

そこで各企業は生き残りをかけて競争力の強化を図り、厳しい環境下において勝ち残るための戦略を描こうと努力している。しかし、どんなに優れた事業戦略を描いても、トップ以下全社員が決められたことを当たり前に実行できなくては、その戦略は机上の空論に終わってしまう。

繰り返しになるが、筆者は常々、「〝戦略二流〟でも、『実行一流』の企業が生き残る」と提言している。「実行一流」とは、決めたことや当たり前のことを全員でやりきることだ。トップだけ、または一部の幹部だけが行動しても意味がない。トップから新入社員まで全員が同じ方向を向き、同じ熱量・スピードで行動できてこそ実行一流企業だといえる。戦略は一流でも、実行が二流であっては厳しい環境下を生き残ることはできない。逆に戦略が二流であろうとも、愚直に当たり前のことを実行できる企業は強い。

さらに、実行一流企業に共通する点は、指示されたことだけを実行するのではなく、一人ひとりが考えて行動する「自律型人材」の集合体になっているということである。その結果として、有言実行の社風が形成され、どのような環境の変化にも臨機応変に対応することが可能となっている。

製品やサービス、ビジネスモデルにおいて自社固有の競争優位を描いたとしても、いつの日か資本力で勝る大手企業やライバル企業に追い付かれ、コモディティ化（陳腐化）してしまうかもしれない。実行力を一流のレベルにまで磨き、高めれば、他社が一朝一夕ではまねのできない、明確な差別化を図ることができる。

では、そんな実行一流企業になるために、企業や職場が取り組むべきことは何か。それが、本書で述べてきた通り、「見える化」手法を活用してチーム力を高め、一人ひとりが皆考えて行動する自律型組織を構築することだ。見える化は実行力ある全員参加型の経営を行うためのシンプルな手法であり、その出発点となるものが、誰もが取り組める「5S活動」である。

ここであらためて、5S活動の進め方のポイントを三点挙げる。

一点目は、「基準をつくる」ことである。基準なくしてマネジメントなし、である。

本書の冒頭（「はじめに」）のペットボトルのたとえの通り、基準をつくることによって守るべきことが明確になる。このときに、全員参加で基準をつくることが強い組織づくりの秘訣である。皆の意見で定めた基準だからこそ、社員全員が納得することができ、守ろうという意思が醸成されることにつながる。

二点目は、「考えさせる」ことである。基準を守ると同時に、その基準について社員たちに考えさせることが重要だ。基準の策定段階においては、この作業を何のためにやるのかという目的の検討とともに、策定後も問題意識・改善意識から常にアップデートを考えさせることが、それぞれの自発性向上につながる。また「職場のミッション（役割・使命）」や、そこから導き出される「リーダーのミッション（役割・使命）」を全員が考えることにより、一人ひとりの働く意義が見えてくる。

そして三点目は、「日常行動へ落とし込む」ことである。中期ビジョン・計画、年度方針・計画など、それぞれの企業ごとに進むべき方向というものがある。大事なことは、ビジョンや方針・計画を「お題目」で終わらせないことだ。そのためにも、目標、進捗、課題・問題点、要因、対策、成果を見える化し、マネジメントしていくことが重要となる。いわゆる「ＰＤＣＡサイクル」の見える化である。これによって、マネジメントシステムの実行力を確かなものとしていく。

2――見える化を運用するための三つの着眼

「5S活動を行っているが、一部の社員のみの活動になっている」「目で見る管理で現場に方針目標の進捗状況を掲示しているが、リーダーが資料を作成することに時間を取られ、具体的改善が進まずに本来の目的であるPDCAを回して目標を達成することができない」など、見える化の運用面で課題を抱えている企業が多い。

実行一流企業となるために、生きた活用法、すなわち、運用面での強化法にフォーカスして三つの着眼点を提言したい（図表5－1）。

①「目的」を設定する

目的を設定するということは、この活動は「何のために」行うのかを定めることである。5S活動でたとえるならば、ものの置き場、置き方を決めて各種表示を作成する作業が発生するが、その作業により何を果たすべきかをあらかじめ定めることである。

作業をすること自体が目的ではなく、究極的には一人ひとりが考えて行動するチー

図表5-1　見える化手法の活用度を向上させる三つの着眼

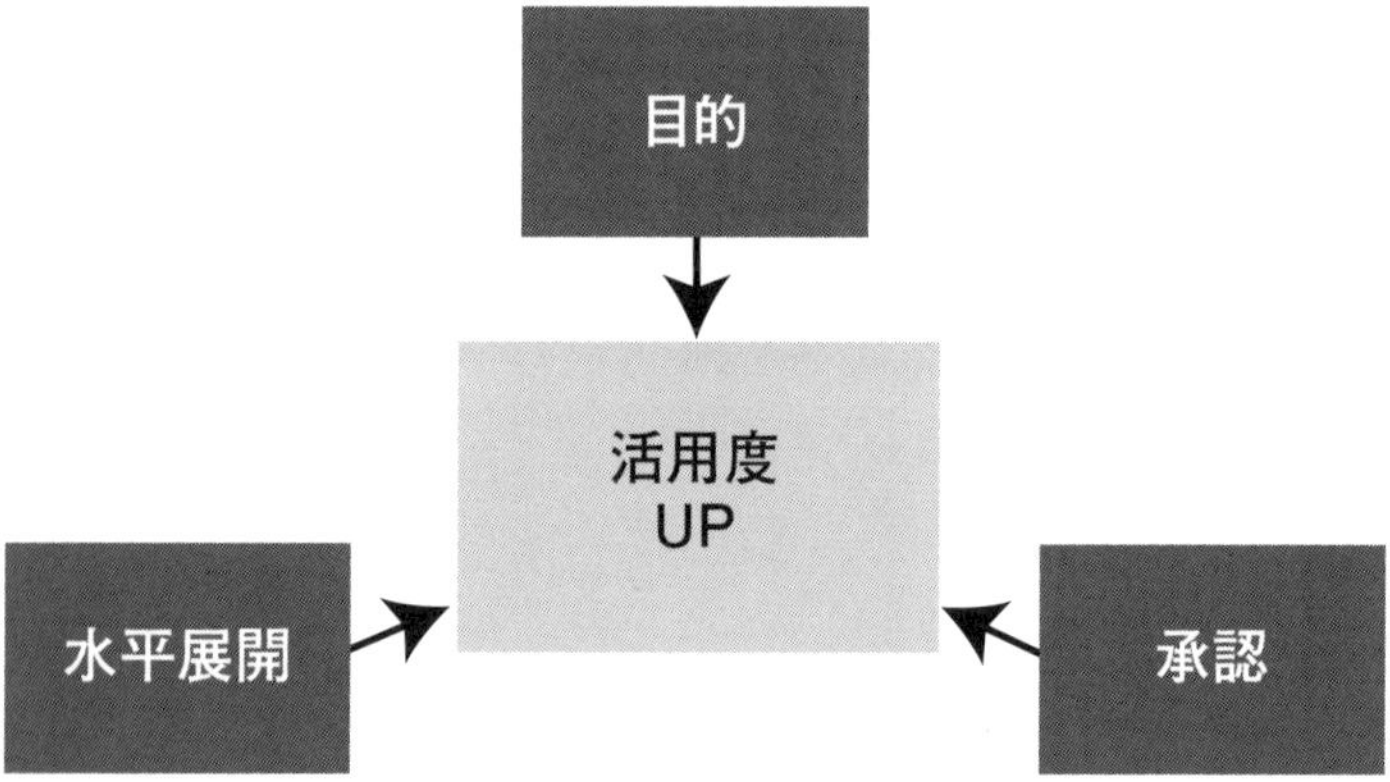

ム力の高い組織の構築を目指すことが目的となる。さらに、各現場で一人ひとりに落とし込む際には、品質管理業務の改善による働き方改革や、固有の目的を設定することが必要である。そして、その目的自体を全員で考え、現場に掲示・周知徹底し、常に共有化を図ってベクトルを一致させることが、見える化手法を活用・運用していく第一ボタンになる。

②メンバーの意見を「承認」する

どのような活動であっても、まずトップやリーダーの率先垂範によるトップダウン（上意下達）から始まる。しかしながら、ボトムアップ（下意上達）がなければ活動は継続せず、他のメンバーの自律性・自発性は高まらない。

課題解決の鍵は、上層部ではなく現場が握っている。課題と直接対峙しているのは現場だからである。したがって、「改善提案制度」などの手法を活用し、現場の声をリーダー自らが積極的に聞く。そして重要なのは、現場の意見自体をまずは認めることである。

たとえどんなに突拍子もない意見であっても、まずは会社として受け入れる。そして現場とともに、実現に向けて考えることが重要である。見える化手法は、現場にさまざまな管理対象、管理項目が掲示されるが、一部の者だけが興味を持って見るのでは意味がない。興味を引く表示方法やデザインなどについて、大いに創意工夫されるべきである。これまでは年長者の拒絶反応が強かったカジュアルな意見であっても、世代や役職、在籍年数に関係なく積極的に認め合える社風の醸成が重要となる。

③成功モデルを「水平展開」する

繰り返すが、見える化は全員参加型の経営手法である。とはいえ、活動していくなかで必ず部門格差、個人格差が生じ、ふたを開けてみると全員参加型の活動に至らないことが多い。見える化は、その名の通り活動の成果自体がひと目でわからなければいけない。そのため、他部門での成功モデルもひと目でわかるようにしたい。

活動停滞期（マンネリ期）においては、ぜひ他部門の成功事例を学び、自部門へ展開するような運用を行い、互いが互いを高め合うことで、さらなる高みを目指していくことが重要である。また、社内だけではなく他社の成功事例を現地・現場で体感し、自社に落とし込むことも大切である。同業種の現場はもちろんのこと、異業種の成功事例を学ぶことで視野が広がり、活動での革新性を促すことにもつながる。

現在、成果を上げている企業の多くが、最初から順調だったわけではない。多くの失敗を経ながら、一歩一歩、改善を進めてきた結果が実を結んでいるのだ。見える化の活動とは、このような地道な作業の積み上げが重要である。「一人の百歩より百人の一歩」、同じ百歩でも本質はまったく異なる。見える化という手法に魂を込め、使いこなして成果を上げるのは一人ひとりの一歩であり、これが実行力の本質なのである。こうした成功に至る経緯を学ぶためにも、他社視察の際は、現場での成功事例の体感だけでなく、特にその活動プロセスを学ぶことが重要となる。

3——見える化は〝デジアナ融合〟で進化する

見える化手法は、日々進化を遂げている。

図表5-2　デジアナ融合による「進化する見える化」

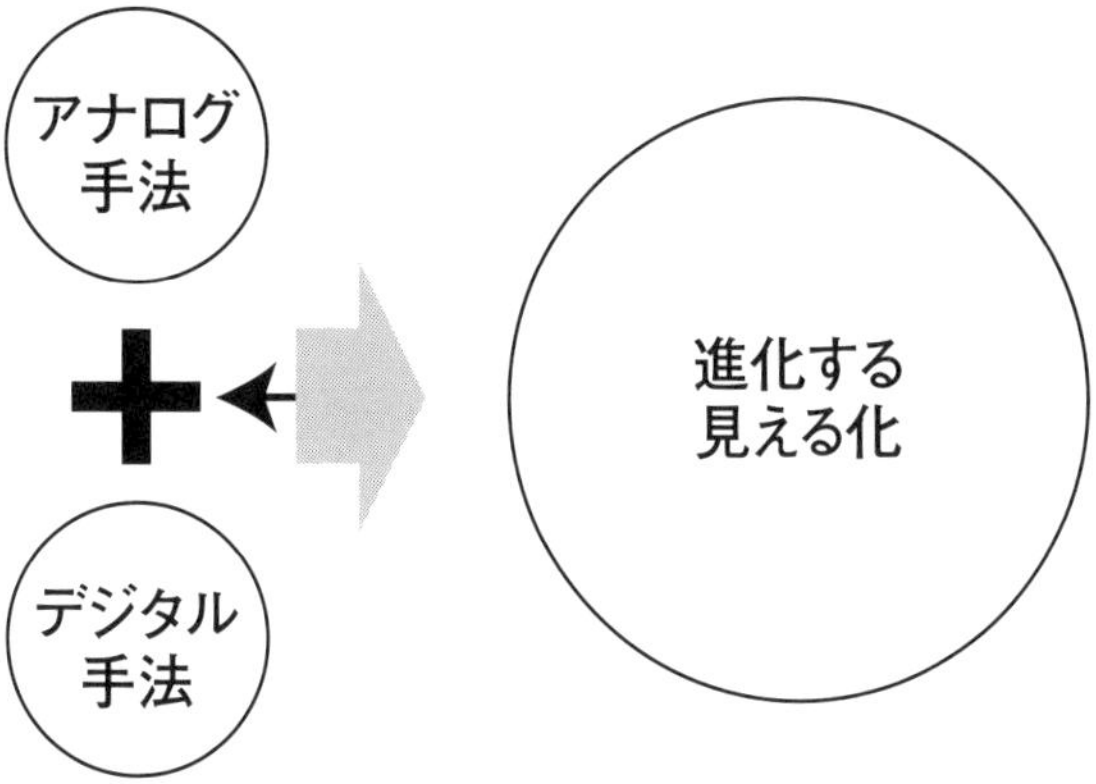

たとえば、「管理の見える化」においては各種管理表や運用ルールが現場で掲示され、VMボードの前で進捗管理や要因分析、対策立案などを行うことになる。ただ、その際にはどうしても事前準備として資料作成の負荷が高くなる。しかし、デジタルテクノロジーをうまく活用することで、こうした作業の負荷軽減が可能となる。

各人の行動・成果データをIoTにより自動集計することで、「集計」という作業が効率化され、データ分析と対策立案に力点を置ける。さらに、定量的かつ具体的なデータ活用が可能になると、PDCAの「C（チェック）」「A（アクション）」の質が特に高まる。成果の見える化が進むことで、チームメンバー全員のモチベーションは向上し、メンバーがボードの前でそれぞれ直接コミュニケーションを取り合って、活動自体が加速していく。見える化は、デジタル（ITツール）だけでも、アナログ（フェース・ツー・フェース）だけでも、うまくいかない。デジタルとアナログの融合によって善循環の効果が期待できる（図表5-2）。

企業の実行力格差は、見える化手法の活用格差であるともいえる。スケジューラーやデバイス、各種管理システムなどITのトレンドに踊らされることなく、魂を込めた手法の活用によって企業の究極の使命（ミッション）を果たしていただきたい。

おわりに

「概して人は、見えることについて悩むよりも、見えないことについて多く悩むものだ」（ジュリアス・シーザー）

現場でいったい何が行われているのかわからない、自社の日々の売上げ状況や資金繰りが見えてこない――そんな経営実態が見えないことに不安を感じて、「見える化」に取り組む企業は多い。ところが、いざ問題が見えるようになっても、その問題解決を先送りしてしまうケースが極めて多いという現実がある。結局のところ、問題点が見えるだけでは何の解決にもならない。それを解決させる「実行力」が不可欠だ。実行力を高めることこそが、見える化の本質である。

筆者が日々のコンサルティング活動で感じている、実行力ある組織に共通して見られるポイントを五点挙げたい。

一点目は、「有言実行の社風」があること。基準・ルールがあることはもちろんのこと、それを守る（守りきらせる）社風がある。５Ｓの躾と同義である。

二点目は、「トップ自らの発信と行動」があること。社風を醸成するのは経営者自身である。新しい行動を起こそうと全社に発信したとしても、トップの行動が変わらなければ、現場は絶対に変わらない。

三点目は、「全員参加による活動」があること。社内に〝お客さま〟状態の社員がいると、活動は変わらない。役職に例外をつくらず、取り組むことが重要である。

四点目は、取り組み自体を「承認」していること。自由闊達《かったつ》に議論する組織風土を醸成している企業は総じて、下からの意見具申を頭ごなしに否定したりはしない。まずは承認する社風なのである。

最後に五点目は、リーダー自らが何事も「楽しみながら活動」していること。実はここが最も重要だと筆者は考えている。トップの方針を理解し、ボトムアップのためのミドルアップ、やらされ感ではなく、自ら主体的に行動するリーダーが必要である。

折しも本書を発行した二〇二〇年は、目に見えない新型コロナウイルスが世界中で猛威を振るった。諸外国と比べ感染者数・死亡者数ともに少ない日本では、東京や大阪など主要都市が感染状況のモニタリング指標や主要施設での警戒信号の点灯など、独自基準による見える化を運用し、感染拡大の抑え込みや医療崩壊の回避などで一定程度の効果を上げた。これは日々の感染状況が見えるようになったから、新規感染者数や死亡者数が抑えられたのではない。基準と数値の見える化によって市民の意識が変わり、一人ひとりが日常行動を変えた（外出自粛、「3密（密閉空間・密集場所・密接場面）」の回避など）から、欧米ほどには感染が広がらなかったのではないか。

見える化はあくまでも〝手法〟にすぎず、それを生かすも殺すも運用する「人」次第だ。全員参加によって、同じ方向を向いて運用できる企業こそが、実行力がある企業といえる。そうした企業は、どんな大企業にもまねのできない、突き抜けた差別化が可能になるのではないだろうか。

最後になりましたが、本書の執筆にあたって、数多くの方々からのご支援・ご協力をいただきました。本書での事例掲載にご協力・ご快諾をいただきました企業の皆さま、「経営の見える化研究会」にご参加された方々に、この場をお借りして御礼申し上げます。

また、出版に際して多大なご協力をいただきましたダイヤモンド社小出康成氏、クロスロード安藤柾樹氏、装丁をご担当いただいた斉藤よしのぶ氏、執筆の機会を与えてくださったタナベ経営の若松孝彦社長、長尾吉邦副社長、現場で筆者とともに奮闘しているコンサルティングチーム諸氏、そしていつも私を支えてくれている家族に、心より感謝申し上げます。

武政大貴

［著者］
武政大貴（たけまさ・ひろたか）
タナベ経営「経営の見える化」コンサルティングチーム リーダー
中央大学法学部卒業。財務省関東財務局で金融機関の監督業務を経験後、企業経営に従事。タナベ経営入社後は主に中期経営計画策定、企業再生・再建支援を行い、企業の収益体質改善に寄与。また5S・VM活動支援では財務の視点による体質改善を行っている。現実・現場・現品主義を信条とする行動派コンサルタント。

［編者］
タナベ経営「経営の見える化」コンサルティングチーム
コンサルティングファーム・タナベ経営の全国主要都市10拠点における、「見える化」専門のコンサルティングチーム。5S定着化、業務改善や最新テクノロジー（AI・RPA）の導入など、デジタルとアナログの両輪で課題を「見える化」し、働き方改革を経営改善につなげている。

真の「見える化」が生産性を変える
――あなたの会社の実行力が劇的に変わる

2020年11月17日　第1刷発行

著　者――武政大貴
編　者――タナベ経営「経営の見える化」コンサルティングチーム
発行所――ダイヤモンド社
〒150-8409　東京都渋谷区神宮前6-12-17
https://www.diamond.co.jp/
電話／03･5778･7235（編集）　03･5778･7240（販売）
装丁――――斉藤よしのぶ
編集協力――安藤柾樹（クロスロード）
製作進行――ダイヤモンド・グラフィック社
DTP　―――インタラクティブ
印刷――――信毎書籍印刷（本文）・加藤文明社（カバー）
製本――――本間製本
編集担当――小出康成

ISBN 978-4-478-10843-7

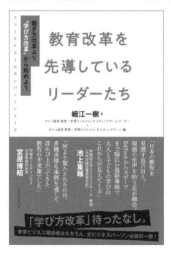